PEANUTS KEY WORDS

スヌーピー
こんな生き方探してみよう

チャールズ・M・シュルツ コミック
谷川俊太郎 訳
ほしのゆうこ 著

朝日文庫

本書は、『スヌーピー　こんな生き方探してみよう』（二〇〇一年八月、朝日新聞社刊）と『スヌーピー　きみと話がしたい』（二〇〇三年五月、朝日新聞社刊）を一冊にまとめ、再編集したものです。

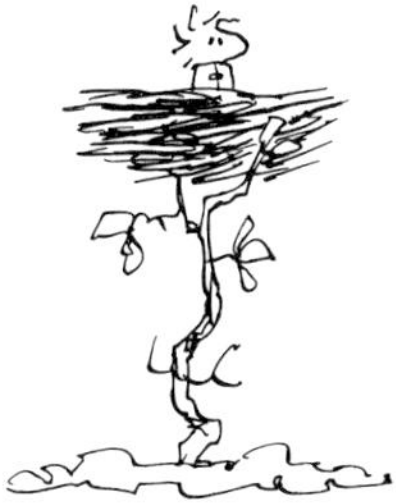

CONTENTS

Book Design
Norikazu Kanda

スヌーピー

こんな生き方探してみよう

スヌーピーで知られるコミック、ピーナッツ。1950年10月2日に初めて新聞に掲載され、以来、世界中の人々に愛されてきました。チャールズ・M・シュルツ氏が描いたこのコミックには、夢や友情、いたわり、感謝の思いなど、私たちが心の中で大切にしたい宝物が満載。ときに人の生き方について語り合い、ときに学校の成績や恋について悩み、ときに想像力の翼をはばたかせる。そんな主人公のチャーリー・ブラウンやスヌーピー、そして彼らの仲間たちの姿からは、人生に対するさまざまなメッセージが伝わってくるようです。年齢や性別を問わず、多くの人々に読み継がれているピーナッツ。そこから、私たちが少しでも楽しく前向きに生きるためのヒントを見つけませんか。

WE'VE BEEN PALS FOR A LONG TIME, HAVEN'T WE, SNOOPY?
© 1989 United Feature Syndicate, Inc.

1　ぼくらはもうずっと親友だよね、
スヌーピー？

I THINK IT'S BECAUSE WE NOT ONLY LIKE EACH OTHER, BUT WE RESPECT EACH OTHER..

2　おたがいに好きあってるだけじゃなくて、
尊敬しあってるからだと思うんだ…

DON'T FORGET THE SUPPER DISH..
SCHULZ
5-20

3　ご飯皿のこともお忘れなく…

Vol.1

FRIENDSHIP
友情

身近な人こそ、尊敬したい。

チャーリー・ブラウンとスヌーピーが出会って以来、はぐくまれてきた彼らの友情。ご飯皿のことばかり心配しているスヌーピーにしても、本当はチャーリー・ブラウンのことを大切な友達だと思っているのです。

そんな彼らの友情のように、互いに認めあい、尊敬しあってこそ本当の友達。信頼できる仲なのです。しかも、これは友人関係だけでなく、あらゆる人間関係にも通じることのよう。たとえば、夫婦にしても、親子にしても、先生と生徒、上司と部下にしても、互いに「なかなかヤルな」とか「カッコイイな」とか思い、尊敬しあっている同士。そういうふたりなら、ときには意見が衝突しても、結局は仲直りをすることができる。さらには、どちらかが学校や仕事などで失敗したとしても、相手への信頼を失わず、長い目で見守り、精神的に支えることができるのでしょう。そんな身近なだれかとの〝友情〟。それは、人生で何よりも大切にしたいものかもしれません。

PEANUTS
Tm. Reg. U.S. Pat. Off.—All rights reserved © 1971 by United Feature Syndicate, Inc.
7-14

1

IT'S A MISTAKE TO TRY TO AVOID THE UNPLEASANT THINGS IN LIFE..

2 人生で不愉快なことを
避けようとするのは間違ってるよ…

POW!

3 カーン

BUT I'M BEGINNING TO CONSIDER IT...
SCHULZ

4 とは言え、
もっとよく考えてみようかな…

BASEBALL
野球

好きだから、くじけない。

いつもヒョロヒョロのボールを投げては、相手チームの打者に強打され、マウンド上にひっくり返ってしまうチャーリー・ブラウン。ピーナッツの仲間たちがプレーする連戦連敗の野球チームのピッチャーであり、監督です。

そんなチャーリー・ブラウンのこれまでの野球人生を振り返ってみると、うれしかったことよりもガッカリしたことや、不愉快だったことの方が多いはず。それなのに、なぜ彼は野球をやめないのか。なぜいつも打たれてしまうのに、ボールを投げ続けるのか。それは、チャーリー・ブラウンの野球に対する〝好き〟のエネルギーが、下らない疑問や理屈など軽く吹き飛ばしてしまうほど大きなものだからでしょう。スポーツでも音楽でも研究でもいい。何かひとつ、どんな困難にぶつかっても、いくつになっても、やり続けるぐらい好きなこと。それと出合えた人は、幸せだと思いませんか。

IF YOU'LL HELP ME WITH MY HOMEWORK, I PROMISE YOU UNTOLD WEALTH...

1 宿題手伝ってくれたら、
秘密の宝をあげるって
約束するわ…

HOW MUCH IS THAT?

2 いくらくらいの宝なんだい？

IF I TOLD YOU, IT WOULDN'T BE UNTOLD
5-9
© 1986 United Feature Syndicate, Inc.

3 それを言ったら、
秘密じゃなくなるわ

I'M AMAZED AT HOW YOU FALL FOR THESE THINGS..
SCHULZ

4 お兄ちゃんがこういうことに
弱いのには感心するわ…

HOMEWORK
宿題

人生に、宿題はつきもの!?

学校を卒業して、何よりホッとしたこと。それは、宿題とテストがなくなったこと、そう思っていませんか。チャーリー・ブラウンの妹、サリーも、学校の宿題が大嫌い。そこで、いつも奇想天外な交換条件や理屈を考え出して、兄に手伝わせてしまいます。

そんなサリーのように、算数の勉強や読書感想文に悩まされることのないおとなたち。しかし、本当に、日々の宿題は消え去ったのでしょうか。いつまでに英会話を上達させなければならないとか、読みかけの本を読まなければならないとか、部屋の片付けをしなければならないとか、それぞれに課題を抱えてはいないでしょうか。宿題は、人が自分を進歩させたり、何かを改善したりするときに欠かせないもの。人生の目標とは切っても切れない仲なのです。私たちはそういう前向きな気持ちを失わない限り、自らに宿題を課していくのでしょう。

PEANUTS
Tm Reg U S Pat Off — All rights reserved
Copr 1963 by United Feature Syndicate, Inc
DON'T TELL ME YOU'RE SITTING HERE WAITING FOR THE "GREAT PUMPKIN" AGAIN?

1 また"カボチャ大王"を
待ってるんじゃないだろうね？

HOW CAN YOU BELIEVE IN SOMETHING THAT JUST ISN'T TRUE? HE'S NEVER GOING TO SHOW UP! HE DOESN'T EXIST!

2 ありえないものをどうして信じられるの？
現われやしないよ！
存在しないんだもの！

WHEN YOU STOP BELIEVING IN THAT FELLOW WITH THE RED SUIT AND WHITE BEARD WHO GOES, "HO HO HO", I'LL STOP BELIEVING IN THE "GREAT PUMPKIN"!
10-28

3 キミが例の赤い服で白いひげの
"ホーホーホー"っていうやつを
信じるのをやめたらボクだって
"カボチャ大王"信じるのやめるよ！

WE ARE OBVIOUSLY SEPARATED BY DENOMINATIONAL DIFFERENCES!
SCHULZ

4 われわれはあきらかに宗派を
異にしてるよ！

世界中の子供たちが信じているものと言えば、もちろんサンタクロース。ところが、ライナスが信じているのは、なんと偉大なるカボチャ大王。毎年10月31日のハロウィーンの晩に、カボチャ畑から現れて空を飛び、世界中の良い子たちにおもちゃをプレゼントすると言うのです。そんなライナスのことを友人たちはからかいますが、本当にそれは馬鹿げたことなのでしょうか。

考えてみれば、誰も味方してくれないのに自分の信念を守り通すことも、なかなか願いはかなわないのに夢をしっかりと持ち続けることも、とても勇気がいることです。私たちの多くは、社会での孤立を恐れ、皆と同じ道を選んでしまいがち。その中で、ひとり、独自の道を歩む勇気を持つこと。それは、真に自分らしい人生を送るための大きな力となるのではないか。さらには、そういった少数意見の人がいることで、社会が大きな流れに安易に押し流されてしまうことを防いでいるのではないか。そういう風に、思いませんか。

ひとりぼっちの、勇気。

THE GREAT PUMPKIN
カボチャ大王

HEY, MARCIE! THIS "HANS BRINKER" IS A GREAT BOOK! I'M ACTUALLY ENJOYING IT...JUST THINK... I MAY BE INTO READING!!

1 ちょっと、マーシー!
この“ハンス・ブリンカー”ってのは
すてきな本よ!
私 ほんとに楽しんでるの…
考えてもみてよ…
私は本の虫かもよ!!

I'M GLAD, SIR, AND THE MORE YOU READ THE LESS YOU'LL USE DUMB EXPRESSIONS LIKE THAT
12-30

2 結構ですね、先輩、
でも本を読めば読むほど、
そういうバカみたいな表現を
使わずにすみますよ

WHAT'D YOU SAY?
© 1980 United Feature Syndicate, Inc.

3 なんですって?

NOTHING, SIR.. KEEP READING!
SCHULZ

4 べつに、読書をつづけてください!

READING

読書

人生の親友と出会いたい。

Dマイナスの成績ばかり取っているペパーミント パティ。本を読むのも大嫌いで、読書感想文の宿題をさぼってばかり。友人のマーシーをあきれさせています。ところが、そんな彼女にも、ある日、一冊の本との思いがけない出会いがありました。

読書は、私たちを未知の世界へと連れて行ってくれたり、人生について語ってくれたり、学校では教えてくれない物事の真実を見せてくれたりするもの。それだけに、さまざまな分野の本に挑戦することは、多くの友達と知り合うように楽しいことです。しかし、大事なのは、読んだ本の数ではありません。たとえたった一冊でも、人生を導くほど大きな意味を持つ本と出会ったなら、それは生涯信頼できる親友がひとりできるのと同じぐらい素晴らしいことなのです。

人生の岐路に立ったとき、困難な状況に陥ったとき、何度も手にする一冊の本。友と語り合うように本と会話し、私たちは自らの道を選択することもあるのではないでしょうか。

PEANUTS
PEPPERMINT PATTY! WHAT ARE YOU DOING HERE?
WORKING ON MY GUILT FEELINGS..WHERE'S CHUCK? I HAVE TO SEE HIM..

1 ペパーミント パティ!
ここで何をしてるんだい?

罪の意識にさいなまれてるのよ…
チャックはどこ?
彼に会わなくちゃ…

THEY SENT HIM HOME..THEY SAID HE WAS THE CAUSE OF SOME TROUBLE IN THE GIRLS' CAMP..
I'M THE TROUBLE, LINUS! IT WAS ALL MY FAULT! I FEEL TERRIBLE...

2 彼はうちへ送り返されたよ…
女の子のキャンプでおこった
さわぎのもとだって言われて…

さわぎは私なのよ ライナス!
みんな私のせいよ! 情けないわ…

I THINK I'M GETTING SICK... I FEEL SHAKY..
HERE, HOLD THIS FOR AWHILE.. IT'LL CALM YOU DOWN...
6-20

3 私 病気になりそう…
ふるえがきたわ…

ほら しばらくこれをもってろよ…
気がしずまるよ…

Z
GUT-LEVEL MEDICINE!
SCHULZ
Tm. Reg. U.S. Pat. Off.—All rights reserved © 1972 by United Feature Syndicate, Inc.

4 グー

腹の底にきくんだ!

家でテレビを見ているときも、野球をやっているときも、キャンプに行くときも、ライナスが決して手放さないものと言えば、〝安心毛布〟。彼をさまざまな不安から守る不思議な毛布です。いつも毛布を持ち歩くライナスの幼児的習慣を、周囲は何とかやめさせようとしますが、それはどうしても成功しません。

しかし、広く見れば、私たちはおとなになってからも、ライナスにとっての毛布と同様、さまざまな不安から自分を守る何かを持っているのではないでしょうか。たとえば、落ち込んだときに眺める家族の写真。たとえば、心も体も疲れた夜、ひとり耳を傾けるお気に入りの音楽。たとえば、自分への自信がぐらついたときに思い出す恩師の励ましの言葉……。多くの不安が行く手をふさぎ、どうにも先が見えにくい現代。私たちはそんなさまざまな形の〝安心毛布〟を持っているから、一日一日、どうにか歩んでいけるのでしょう。

だれもが“毛布”を持っている。

SECURITY BLANKET
安心毛布

9-10-1961

DON'T YOU TRUST ANYONE ANY MORE? HAS YOUR MIND BECOME SO DARKENED WITH MISTRUST THAT YOU'VE LOST YOUR ABILITY TO BELIEVE IN PEOPLE?
9-10
AUGH!

1　もうだれも
信じないっていうの？
人を信じる
能力をなくすほど、
心が疑いで
曇らされてしまったの？

2

3　ギャアア！

WUMP!
ISN'T IT BETTER THIS WAY, CHARLIE BROWN? ISN'T IT BETTER TO TRUST PEOPLE?
SCHULZ

4　ドサーン！

5　このほうがよくない、
チャーリー・ブラウン？
人を信じるほうがまだましでしょ？

Vol.7

FOOTBALL
フットボール

信じるって、痛い!?

チャーリー・ブラウンがボールに向かって突進してくると、ヒョイとボールをどけて、彼を転ばせてしまうルーシー。フットボールシーズンになると、毎年のように行われるいたずらです。そんな彼女のたくらみを、十分にわかっているはずのチャーリー・ブラウン。なのに、やっぱり走ってしまう。それは、迷いながらも、今年こそという可能性を信じてしまうからなのでしょう。

人を信じること。それは、ときに私たちの心に思ってもみないほどの深い傷を負わせます。なぜなら、信じてしまった愚かな自分への腹立ちと人への不信感が、複雑に絡みあうからでしょう。しかし、また信じることによって、思いがけないほど大きな喜びと出合うこともあります。心を開いて、訪れる友を信じるのか。心を閉ざして、我が身を守るのか。人生の中で、正解はそれぞれに異なるかもしれないけれど、人が人を信じることをやめたとき、大切な何かを失ってしまうのかもしれません。

10-29-1993

ASK YOUR DAD IF HE WANTS ME TO RAKE YOUR LEAVES..

1 パパに落ち葉かきして欲しいかどうかきいてよ…

10-29

2

HE SAYS, "HOW MUCH FOR JUST ONE LEAF ?"

3 “落ち葉一枚につきいくらか？”
ですって

MY DAD THINKS HE'S VERY FUNNY
SCHULZ

4 パパは自分にユーモアのセンスがあるって思ってるの

落ち葉かきや雪かきの季節になると、毎年のように近所の家々を訪ね、アルバイトの必要がないかどうか聞いて回るチャーリー・ブラウン。残念ながら、なかなか彼に仕事の依頼は来ません。

自ら汗を流し、知恵を使って働くこと。それは、私たちにお金だけではなく、さまざまなものを与えてくれます。たとえば、仕事を通して学ぶ技術や知識。共に働く仲間との友情。失敗を繰り返さないための心構え。家族からのさりげない励まし。仕事への評価とやり遂げた自分への自信。そして、達成感や充実感。人生で最初に働いて手にしたお金には、そのようなたくさんの思いが内に強く込められているからこそ、たとえ少額でもずしりと重みを持つのではないでしょうか。そんな初めての報酬で買った、自分へのごほうびや大切な人へのプレゼント。それは、金額では決して表せないほど大きな価値を持ち、いつまでも心のなかで輝くのです。

もらうのは、お金だけじゃない。

JOB
仕事

3-6-1984

YOUNGER BROTHERS
LEARN TO THINK FAST

弟族は頭の回転を早くすることを覚えるものさ

TOMORROW IS
BEETHOVEN'S BIRTHDAY

SOME OF THE GREATEST
MUSIC IN ALL THE
WORLD WAS WRITTEN
BY BEETHOVEN!

1　明日はベートーベンの誕生日だ

2　世界中のもっとも偉大な音楽のいくつかは、ベートーベンが作曲したんだ!

© 1980 United Feature Syndicate, Inc.
12-15

NO, HE WASN'T
A BIRD!
SCHULZ

3

4　いや、彼は小鳥じゃなかったよ!

Vol.9

BEETHOVEN
ベートーベン

ヒーローが、ヒーローを育てる!?

だれもが知っている偉大な作曲家、ベートーベン。そのベートーベンをこよなく愛する天才音楽少年、シュローダー。彼は、ベートーベンへの憧れから地道な練習を積み重ね、その名曲の数々をおもちゃのピアノで見事に弾きこなすまでになりました。

音楽をはじめとする芸術、そしてスポーツや科学など、それぞれの分野にこれまで生まれてきたヒーローやヒロイン。彼らに尊敬の念を抱き、憧れることは、私たちの才能を伸ばす大きなエネルギーとなります。なぜなら、憧れの人物に一歩でも近づき、超えたいと、自ら努力するからです。たとえば、ハイドンを尊敬した青年ベートーベンは、その門をたたきました。そして、ベートーベンに憧れたブラームスは、ベートーベンの音楽を研究し、自分の音楽を見いだしました。この三人の天才たちが音楽を通して結ばれているように、人類の歴史は無数の尊敬の糸によってつながっているのです。

WHAT WOULD YOU DO IF I KICKED THAT OVER?

1 もし それ けっ散らかしたら
どうする？

PROBABLY NOTHING AT THE MOMENT...

2 この場ではたぶん何もしないよ…

BUT YEARS FROM NOW, AFTER YOU'RE MARRIED AND YOU AND YOUR HUSBAND WANT ME TO CO-SIGN A NOTE SO YOU CAN BUY A NEW HOUSE, I'LL REFUSE!
3-6

3 でも何年もたって
姉さんが結婚して、
新しい家を買うための
保証人になってくれって
いわれてもぼく断るよ！

YOUNGER BROTHERS LEARN TO THINK FAST
SCHULZ
© 1984 United Feature Syndicate, Inc.

4 弟族は頭の回転を
早くすることを
覚えるものさ

BROTHERS & SISTERS

兄弟

好きだけど、嫌い!?

チャーリー・ブラウンの家の近所に住むルーシーとライナス。親の愛を一身に受けたかったルーシーは、弟のライナスにいつも意地悪をしたり、怒鳴ったり。まったく、ライナスとしてはたまったものではありません。ところが、そんな姉の態度を彼は嘆いても、なぜか心の底から嫌いにはなれないのです。

ときに兄弟はライバルのようにけん制しあったり、遠慮がないだけに激しくぶつかったり、どこか似ているためにかえって避けたり……。家族の中で絶対的な愛を注げる親子とは少し違う、複雑な感情をお互いに抱きます。しかし、兄弟は運命的に同じ親の元に生まれ、一緒に成長していく最も身近な仲間。それぞれの長所や短所を知り尽くした上で、互いを気に掛け、深く理解しあえる〝かけがえのない存在〟だと言えます。

そんな兄弟だからこそ、いつの日かそれぞれの道を歩み始めるまで、たくさんの時間を共有し、さまざまな思い出を一緒に作りたいものです。

DO YOU THINK YOU'RE A DIFFERENT PERSON FROM WHAT YOU WERE LAST YEAR?

1 去年に比べて、
自分が別の人間に
なったような気がするかい？

DO YOU THINK YOU'VE REALLY CHANGED?
© 1985 United Feature Syndicate, Inc.

2 ほんとに変わったと思う？

I REMEMBER LAST YEAR YOU SAID YOU WERE GOING TO TRY TO BE A BETTER LISTENER..

3 去年君は、もっとよい聞き手に
なるよう努力するって言ったね…

1-1-86
WHAT?
SCHULZ

4 なんですって？

真新しいノートを開いたときのように、新たな気持ちで物事に取り組める年の初め。私たちもルーシーのように、これまでの自分を反省し、今年こそ新しい自分になろうと決意しますが、日常に追われるうちに何を誓ったのかさえも忘れてしまうことが多いようです。

新年は、人生で迎える区切りのひとつです。しかし、新学期や進学、就職や転職、そして結婚や退職などは、自分を取り巻く環境がはっきりと変わる区切りであるのに対し、新年は一年に一度、すべての人に必ず巡ってくる心の区切り。それだけに、このチャンスを生かすかどうかは自分次第です。たとえば、今年は、人の意見にもっと耳を傾ける。夜更かしをやめて、早起きをする。その日すべきことは、明日に持ち越さない。いつもきちんと身の回りを整理する。そんな誓いを新年にひとつでも立てて実行する人は、毎年着実に理想の自分に向かってステップアップできるのでしょう。

人生の句読点を生かしたい。

RESOLUTION
誓い

PEANUTS
Tm. Reg. U.S. Pat. Off.—All rights reserved
© 1971 by United Feature Syndicate, Inc.
EVERYONE NEEDS TO HAVE HOPE..

1　だれだって希望を必要としてる

SOMETIMES IT'S ONLY A LITTLE THING THAT GIVES US HOPE... A SMILE FROM A FRIEND, OR A SONG, OR THE SIGHT OF A BIRD SOARING HIGH ABOVE THE TREES..

2　ときにはほんのちょっとしたことが
ぼくらに希望を与える…
友だちのほほえみ、歌、
木々の上高く飛ぶ小鳥の姿…

3

SO MUCH FOR HOPE
5-17
SCHULZ

4　このへんでやめとこうか

HOPE
希望

いつまでも、輝かせたいもの。

人生についてさまざまな名言をつぶやくスヌーピー。希望はほんのちょっとしたことから得られるというこの一言も、そのひとつです。

希望は、いわば心のなかで輝く宝石のようなもの。人生のステップに応じて眩《まぶ》しいほど燦然《さんぜん》と輝いたり、穏やかで温かな光を放ったりしますが、ときには現実の壁にぶつかって、輝きを失いかけることもあります。そんなとき私たちの心に語りかけ、再びその光を見いだす勇気を与えてくれるもの。それは、川のせせらぎや雨上がりの虹のような自然、芽生え始めた木の芽や赤ちゃんの瞳のような新しい生命、そしてふとページをめくった本の一文のような出合い……。普段なら見過ごしてしまうほど小さなことが、大きな力となって私たちを励ましてくれるのです。

希望という心の宝石を、どんな状況でも守りきる。その復元力を持っている限り、人は厳しくとも輝きのある人生を歩んでいけるに違いありません。

WHEN YOU LIVE ALONE IN THE DESERT, YOU HAVE TO MAKE YOUR OWN PLEASURES...

1 砂漠にひとりでくらしてると、
自分で楽しみを
つくり出さなきゃならない…

© 1984 United Feature Syndicate,Inc.

2

GARÇON..
1-20

3 ギャルソン…

A MENU, PLEASE
SCHULZ

4 メニューをたのむよ

Vol.13

寂しさを知ってこそ、仲良くなれる!?

LONELINESS
孤独

砂漠にたったひとりで暮らすスヌーピーの兄弟、スパイク。彼は、サボテンや岩を相手に話したり、タンブルウィード（転がり草）と一緒にダンスをしたり……。ときには寂しさを感じながらも、自分の生活を愛し、精いっぱい楽しんでいます。

人が、孤独を感じるとき。それは、ひとりのときとは限りません。たとえ愛する人と一緒にいても、ひとりぼっちだと感じることがあります。また、大勢が集まっている場でも、自分から人と交わり、いろいろなことに興味をもって積極的に楽しもうとしなければ、砂漠にいるのと同じこと。むしろ周囲がにぎやかであればあるほど、孤独感はさらに深まります。

人間は、皆、ひとりである。本当の意味で独立心をもって自分の時間やアイデンティティを大切にする人は、同様に相手を尊重し、自立した人間同士のすてきな関係を築くことができる。スパイクの姿は、私たちにそんなことを教えてくれているようです。

PEANUTS
WHAT A BEAUTIFUL NIGHT..

1 なんて美しい夜なんだ…

THE MOON IS FULL..
Reg. U.S. Pat. Off.—All rights reserved
© 1971 by United Feature Syndicate, Inc.

2 月は満月…

..AND THERE MUST BE A BILLION STARS IN THE SKY..
7-30

3 …そして空には無数の星が…

IT'S A PERFECT NIGHT TO GET A STAR-TAN..
SCHULZ

4 「星焼け」にはもってこいの夜だね…

空想が大好きなスヌーピー。美しい星空が広がるその夜は、撃墜王フライング・エースに変身し、日焼けならぬ〝星焼け〟を楽しんでいます。

いま、星空をゆっくりと眺めることすら少なくなっている私たち。それは、クリックひとつで世界中の情報を簡単に手に入れている反面、目先のことに追われ、物の見方が狭くなっているからかもしれません。その昔、先人たちは、星がもたらすわずかな情報を手がかりに、深い考察と豊かな想像力でその意味するところを読み解いてきました。船乗りは大海原のなかで星を頼りに航海し、農夫は星の動きから種蒔《たねま》きなどの日取りを決め、偉大な学者は地球の自転や公転の事実を発見しました。

時が過ぎても、変わらず頭上にある星空。私たちも先人たちのように、何百光年も何千光年もはるか彼方《かなた》にいる星たちと語り合ってみると、抱えている悩みや不安に新たな真実の光があたるかもしれません。

星空は、良きアドバイザー。

STAR
星

PEANUTS
MY DAD SAYS THAT I AM "A RARE GEM"
I AGREE WITH HIM
YOU KIND OF LIKE ME, DON'T YOU, CHUCK? I'M GLAD YOU DON'T COME RIGHT OUT AND SAY IT, THOUGH... I RESPECT YOU FOR THAT

1 パパは私のこと
「二つとない宝石」って言うわ

賛成だね

2 あなた 私のこと好きみたいね、
チャック？
でもそれをはっきり口に出さない
ところがいいわ…尊敬するわ

THAT'S ALL I NEED... "RESPECT" *SIGH*
WHAT DID YOU SAY, CHUCK? DON'T MUMBLE..
Tm. Reg. U.S. Pat. Off.—All rights reserved ©1971 by United Feature Syndicate, Inc.
I SAID, "YOU ARE A RARE GEM"
YOU KIND OF LIKE ME, DON'T YOU, CHUCK?
SCHULZ
3-8

3 「尊敬」か…ぼくにぴったりだね
#タメイキ#

なんて言ったの、チャック？
モゴモゴ言わないでよ…

4 「君は二つとない宝石だよ」
って言ったのさ

あなた
私のこと好きみたいね、
チャック？

ペパーミント パティは、父親とふたり暮らし。仕事が忙しい父は、娘の勉強や食生活にまでなかなか目が行き届きませんが、彼女を〝二つとない宝石〟と呼び、愛情を注いでいます。
そんなペパーミント パティの父親と比べると、日本人の父親の多くは愛情表現が苦手。特に娘が成長してからは、照れや甘えから不干渉を決め込んだり、心配のあまり事あるごとに叱ったり。これでは、どんなに愛していても、気持ちは娘に伝わらないかもしれません。父と娘の難解な関係方程式を解く糸口。それは、短時間でも一緒に過ごす。彼女がアドバイスを必要としているときは、人生の先輩として広い視野から話をする。子供扱いしない。ときには互いに贈り物の交換をする。そんな日常のささやかな積み重ねにありそうです。
欧米のストレートな愛情表現はできない。でも、宝石のような自分の娘が、幸せな人生を送ってほしいと願っている。それならば、私たちは私たちなりの上手な伝え方を考えたいものです。

愛してるって、伝えたい。

A RARE GEM
宝石

2-14-1989

LOVE MAKES
YOU DO STRANGE THINGS..

愛は人に奇妙なことをさせるもんだね…

I'M AFRAID IF I GIVE THIS BOX OF CANDY TO THAT LITTLE RED HAIRED GIRL, SHE'LL JUST LAUGH IN MY FACE..
2-14

1 もしこのキャンディを
例の赤毛の子にあげたら、
笑い飛ばされるんじゃないかな…

MAYBE I CAN HIDE BEHIND THIS TREE, AND WHEN SHE COMES BY, SHE'LL TAKE IT OUT OF MY HAND..
© 1989 United Feature Syndicate, Inc.

2 この木かげに隠れてれば、
彼女が来てぼくの手から
とってってくれるかな…

LOVE MAKES YOU DO STRANGE THINGS..
SCHULZ

3 愛は人に奇妙なことを
させるもんだね…

VALENTINE
バレンタイン

小さな“好き”にも、大きな“好き”にも。

チャーリー・ブラウンが憧れ続けている子と言えば、ある赤毛の女の子。ところが、彼は彼女を遠くから眺めているだけで、プレゼントをあげるどころか、声を掛けることすらできません。

バレンタインは、そんな片思いの人や恋人たちを応援する日。しかし、それだけではなく、日ごろから感謝していたり、すてきだなと思っている人と、年代に関わりなく、だれもが心を通わせ合うチャンスでもあるのです。たとえば、普段、何かと手助けをしてくれる仕事仲間や友人に。毎朝、元気な挨拶をくれるあの方へ。いつも頑張っている後輩へのエールとして。そして、もちろんお疲れ様のひと言を添えて、旦那様にも……。

20世紀に始まり、日本流のアレンジでいつの間にか人々に親しまれるようになったバレンタイン。誕生日やクリスマスほどプライベートではなく、お歳暮やお中元ほどフォーマルではない。そんな日だからこそ、21世紀にはもっとすてきな活用法をみつけませんか。

I CAN'T BELIEVE IT.. HERE I AM OVERSEAS FIGHTING IN THE WAR, AND WHAT HAPPENS?
10-10
©1986 United Feature Syndicate,Inc.

1 信じられないよ…
故郷を遠く離れて戦ってる
このぼくに何が起こったと思う?

MY GIRLFRIEND WRITES AND TELLS ME SHE'S GOING TO MARRY MY COUSIN!

2 ガールフレンドが手紙で
ぼくのイトコと結婚するって
言ってきた!

I WONDER HOW LONG IT WILL TAKE ME TO FORGET HER...

3 彼女を忘れるのに
いったいどのくらいかかるだろう…

THAT WASN'T TOO BAD.. I FORGOT HER IN FOURTEEN DOUGHNUTS!
SCHULZ

4 まァまァだね…
ドーナッツ14個で忘れられたよ!

DOUGHNUT
ドーナッツ

気持ちのギアをチェンジしたい。

ガールフレンドに振られ、傷心のスヌーピー。大好物のドーナッツを次々と食べて、何とかもう一度元気を出そうとします。

そんなスヌーピーのドーナッツのように、私たちも忘れてしまいたいことがあるときや気分をリフレッシュしたいとき、そのきっかけを与えてくれる〝何か〟を持っていると、人生を健やかに送れそうです。たとえば、思いきり大声で歌うこと、好きなスポーツで汗を流すこと、ショッピングに出かけること、部屋の模様替えをすること、いつもより少し贅沢《ぜいたく》なワインを飲むこと、ひたすら眠ってしまうこと……。

自分のなかに閉じこもり鬱々《うつうつ》としているのではなく、意識して、積極的に気分転換を図ってみる。気持ちのギアを入れ替えてみる。そうすれば、どんなにイヤなことも次第に頭の外へ出ていき、新たな気分になることができる。明日へ向かって、再び歩く元気がわいてくる。スヌーピーの姿からは、そんな励ましのメッセージが聞こえてきそうです。

PEANUTS
EVERYTHING SEEMS HOPELESS...
PSYCHIATRI
HELP 5¢
THE DOCTOR
IS IN
9-27

1 なにもかも望みがない…

I'M COMPLETELY DEPRESSED..
THE DOCTOR
IS IN
Tm. Reg. U. S. Pat. Off.—All rights reserved © 1965 by United Feature Syndicate, Inc.

2 ボク どん底だよ…

GO HOME, AND EAT A JELLY-BREAD SANDWICH FOLDED OVER...FIVE CENTS, PLEASE
THE DOCTOR
IS IN

3 うちへ帰って
ゼリーのサンドイッチ
おあがんなさい…
5セントいただきます

THERE ARE SOME CURES YOU DON'T LEARN IN MEDICAL SCHOOL
THE DOCTOR
IS IN
SCHULZ

4 こういう治療法は
医大じゃ教わらないわね

ルーシーがレモネード・スタンドを改造し、開いている心の相談室。悩み多きチャーリー・ブラウンは、ここでさまざまな相談をしますが、いつもルーシーに一方的に言われるばかり。そのあげく、診察料5セントを取られてしまいます。

そんな相談室なのに、なぜ彼は懲《こ》りずに何度も訪れるのか。一体、何を期待しているのか。それは、チャーリー・ブラウンと性格が対照的なルーシーの意見は、独断的でありながらも、彼が決して思いつかない発想や視点を持っているからなのでしょう。人は課題を抱えているとき、だれかと話をすることで問題点が整理でき、解決の糸口を見いだせることも多いもの。さらに、その相談相手が自分と同じタイプの人間なら励まされ、異なる思考回路を持つ人間なら斬新な切り口を発見できます。

多様な悩みを抱えざるをえない現代社会。ときには、私たちも肩のちからを抜いて、自分とは違う視点を持つ友人のアドバイスに耳を傾けるのもいいかもしれません。

発想が違うから、「なるほど」がある。

PSYCHIATRIC HELP
心の相談室

THE DOCTOR
IS IN

1

ONE OF THE GREAT JOYS IN LIFE IS DINNER AND GOOD CONVERSATION...
11-16

2　人生の最高の楽しみのひとつは
晩ごはんといい会話だね…

© 1981 United Feature Syndicate, Inc.

3

CHATTER IS NOT CONVERSATION
SCHULZ

4　おしゃべりは会話とはちがうよ

　食事と会話の楽しさについて、ウッドストックに語るスヌーピー。確かに、家族や友人たちとの楽しい会話は、おいしい食事をさらにおいしくしてくれます。

　食事をしながら話すことは、電話で話したり、オフィスや学校で話すだけではなかなか生まれない親近感をもたらします。それは、「食べる」という人間にとって最も根本的な行為を通して、料理はもちろん時間や空間も相手と〝シェア〟しているからです。そんな共有感覚によって、家族や友達との絆《きずな》も自然と深まっていく。さらには、新しい友人でも仲間のような感情が芽生えると同時に、互いの素顔も見え、理解もしやすくなる。だからこそ、プライベートはもとより、ビジネスでも食事がしばしばお互いを知る場として活用されているのでしょう。

　1年365日、毎日訪れる夕食の時間。それを、ただ空腹を満たすだけではなく、だれかと楽しい時間を分かち合うチャンスにできたなら、人生はさらに幸せではないでしょうか。

おいしい時間をシェアしたい。

DINNER
夕食

11-4-1982

11-4
HEY, JOE COOL!

1　やあ、ジョー・クール！

ONE OF THE GUYS OVER AT THE GYM IS LOOKING FOR YOU

2　体育館にいる連中のひとりが
きみを探してたぜ

HE SAID IF HE CATCHES YOU NEAR HIS GIRL AGAIN, HE'S GONNA POUND YOU!
© 1982 United Feature Syndicate, Inc.

3　きみがまた
彼のガールフレンドに近づいたら、
一発おみまいするってさ！

HE WOULDN'T HIT SOMEBODY WEARING GLASSES, WOULD HE?
SCHULZ

4　メガネかけてる人を
なぐるなんてまねはしないよね？

JOE COOL
ジョー・クール

変身上手は、生き方上手!?

ときにはサングラスをかけてキザなジョー・クールに、ときには大きなカバンと蝶《ちょう》ネクタイで弁護士に、ときには手術着姿になって外科医にと、さまざまな変身を楽しむスヌーピー。小道具を使って、〝なりたい自分〟になるその技は見事です。

服装や装飾品、メークなどによる装いは、その人の外見を変えるばかりでなく、言葉遣いや態度、そして内面にまでも自然と影響を与えるもの。だからこそ、装いは意識的に選びたいものです。たとえば、気分が落ち込みそうなときは、あえて明るい色の服を着て元気を出す。大切な会議が待っている日には、一番好きなネクタイを締めて自信を付ける。口紅をさっと塗って、気合を入れる。休日には、いつもと違うスタイルに身を包んで街を闊歩《かっぽ》し、ストレスを発散する……。

目的に合わせて、自分自身を演出する。装いを強い味方に付ける。そんな小さな変身が上手な人は、自ら生き方を上手にコントロールできる人なのでしょう。

2-15-1995

WELL, I'M OFF TO MY DANCE CLASS..EMILY IS PROBABLY WAITING TO DANCE WITH ME AGAIN..
HERE I COME, SWEET EMILY! HERE COMES YOUR DANCE PARTNER!

1　さて、ダンスのレッスンに
行く時間だ…またエミリーが
待ってるだろうな…

2　いま行くよ、
エミリーちゃん！
ダンスのお相手が行くよ！

WHIRL AROUND THE FLOOR WITH ME, EMILY..
"SOME ♫ ENCHANTED EVENING.."
BONK!
SCHULZ

3　ぼくとフロアを
くるくる回ろう、
エミリー…

4　♪「魅惑の宵に…」

5　ゴチン！

もっと外向的になろうと、これまで縁のなかった社交ダンスのレッスンに通い始めたチャーリー・ブラウン。ここで、思いがけず女の子からダンスを申し込まれ、胸をときめかせます。

席替え、遠足、運動会……。思えば子供時代の私たちには、次々と胸ときめく出来事がありました。ところが、年齢や経験を重ねるにつれ、ときめきは自分から求めないとなかなか手に入らない貴重なものとなってしまうようです。しかし、異性に対してだけでなく、すてきなものや美しいものに憧れ、夢中になることは、人にエネルギーを与え、日々を楽しくしてくれるもの。いくつになっても、持ち続けたい感情です。そのためには、たとえば通勤途中の駅で下車してみる。見知らぬ店に入ってみる。気になっていた人に声をかけてみる。ミュージカルやコンサートへ出掛ける。旅に出る。そんな日常から一歩踏み出し、知らなかった世界へと足を運ぶ好奇心や勇気が必要なのかもしれません。

おとなになっても、ときめきたい。

DANCE
ダンス

8-18

1

2

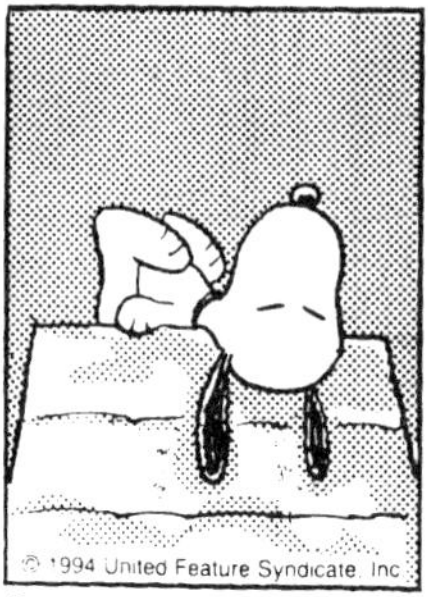
© 1994 United Feature Syndicate, Inc.

3

4

I DIDN'T SLEEP WELL LAST NIGHT.. I COULDN'T GET COMFORTABLE..

5 昨夜は
よく眠れなかったんだ…
ねごこちが悪くてね…

犬小屋の屋根の上で、いつも器用に眠るスヌーピー。ときには、私たち人間と同じように、よく眠れず、スッキリしない朝を迎えることもあるようです。

自然界に生きる生物たちは、実に多様な寝姿をしています。たとえば、水辺の鳥は一本足で立って眠ります。コウモリは後足で天井につかまり、ぶら下がります。蝶は草や葉の先端を抱えて、夜を明かします。それらは、厳しい自然環境の中で自らの身を守るために生まれた自然な休息のスタイルです。同様に、厳しい社会環境に生きる私たちも、ベッドで眠るだけでなく、電車の中でウトウトしたり、喫茶店で休んだり、ときには公園で昼寝をしたり……。自分の体の声を聞いて、短時間でもさまざまな休息を取っているのではないでしょうか。

疲れた体と頭をリセットさせる眠り。時と場合に応じた自由なスタイルで、現代をしなやかに生きていきたいものです。

体と頭のリセットは、自由自在に。

SLEEP
眠り

9-2-1969

PEANUTS
THIS IS IT

1 とうとうよ

IT'S THE FIRST DAY OF SCHOOL!!
9-2

2 学校が始まる日よ!!

PUT ON THE BOILED EGGS! SHINE YOUR SHOES! MAKE YOUR LUNCH! CONJUGATE YOUR VERBS!
Tm. Reg. U. S. Pat. Off.—All rights reserved
© 1969 by United Feature Syndicate, Inc.

3 ゆで卵を用意するのよ!
くつをみがくのよ!
おべんとうを作って!
動詞を活用して!

"CONJUGATE YOUR VERBS"?
SCHULZ

4『動詞を活用して』?

Vol.23 

チャーリー・ブラウンの妹、サリーは学校嫌い。新学期の朝、大騒ぎをしながら通学の支度をします。

私たちは、小学校から中学校までの9年間、義務教育として学校に通います。学校は、いわばおとなの社会に出る前の小さな社会。さまざまな思考や感性、能力を持つ人と一緒に学び、刺激し合う。その中で、かけがえのない友人や先生と出会ったり、だれかを好きになったり、ライバルが出現したりする。同じゴールに向かって歩く仲間がいるから、自分の個性に気づくのです。さらに、みんなで力を合わせる楽しさを知ったり、苦手なことを克服するつらさを実感したり、目標を達成し誉められる喜びを味わったり……。学校で体験するさまざまな出来事は、うれしいこともイヤなことも、心が動かされた分だけ鮮やかな記憶となって残り、その後の人生を支える礎《いしずえ》となる。だからこそ、学校生活は宝物のように貴重なのでしょう。

小さな社会がくれるもの。

SCHOOL
学校

PSST! WAKE UP, SIR! YOU'RE MISSING THE HISTORY LESSON...
Z

9-8
WHEW!

1 先輩、起きてください!
歴史の授業をききのがしてますよ…

2 ヒュー!

HOW LONG DID I SLEEP, MARCIE?

FROM HENRY THE FOURTH TO HENRY THE SIXTH
SCHULZ
© 1980 United Feature Syndicate, Inc.

3 私どのくらい眠ってた、
マーシー?

4 ヘンリー4世からヘンリー6世まで

Zzz
グーグー

きっと、“キラリ”を持っている。

授業中いつも居眠りをしているペパーミント パティは、Dマイナスの成績ばかりだけれど、スポーツは万能な女の子。その彼女の親友が、成績は抜群だけれども、スポーツは苦手なマーシーです。

子供たちが主に学校の成績で評価されるのと同様に、おとなたちは肩書や収入といった社会での成績で評価されがちです。しかし、得意なことや好きなことはひとりひとり違うように、人の魅力や価値はさまざま。決して単一の物差しでは測れないのではないでしょうか。たとえば、料理が得意な人も、ひとつの仕事に打ち込んでいる人も、笑顔の優しい人も魅力的なように、だれもが必ずキラリと光る何かを持っています。そんな自分の良さを磨きながら、前向きに生きていく。さらに、人の良さもみつけ、尊重し、親しくなる。画一的な物差しにとらわれず、自分の目で判断することのすてきさを、ペパーミント パティとマーシーは教えてくれているようです。

PEANUTS
Tm. Reg. U.S. Pat. Off.—All rights reserved
Copr 1964 by United Feature Syndicate, Inc.
IF I WERE YOU, CHARLIE BROWN, I'D FORGET THAT LITTLE RED-HAIRED GIRL.. YOU'RE NOT HER KIND..
WHO'S KIND AM I?
NOW, THAT'S A GOOD QUESTION! YES, SIR, THAT'S A VERY GOOD QUESTION!
12-18

1　もし私があなただったら、
チャーリー・ブラウン、
例の赤毛の子はあきらめるわ…
あなた 彼女にふさわしくないもの…

2　ぼくはだれにふさわしいんだい？

なるほど、いい質問ね！
とてもいい質問だわ

BOY, YOU'VE SURE GOT ME THERE.. WHO'S KIND ARE YOU? WOW! THAT'S A REAL STICKLER!
THAT'S A PUZZLER IF I EVER HEARD ONE! YES, SIR! THAT'S A ROUGH ONE! THAT'S A POSER! THAT'S A..
OH, GOOD GRIEF!
SCHULZ

3　ほんと、参ったわね…
あなたがだれにふさわしいか？
ワーオ！　まさに難問ね！

4　聞いたこともない難問！
まったくてごわいわ！
難問中の難問！　これこそ…

ヤレヤレ！

イヤなことがあったり、気分が落ち込んだりしたとき、チャーリー・ブラウンがしばしばつぶやく「ヤレヤレ！」という言葉。私たちも、「マイッタ」とか「アーァ」とか、言葉は違ってもひとり何か言うことはありませんか。

実際、声に出してつぶやくこと。それは、深呼吸するのと同様に、怒りやイライラで膨らみ、爆発しそうな自分の心に小さな穴を開けるようなもの。その穴から息と一緒にイヤな気分が抜けていき、自分を取り戻すことができる。その結果、感情的な言葉を相手に投げつけたり、だれかに当たったりすることも避けられる。気分を変えて、「ヨシ！」と立ち上がるきっかけが持てる。つぶやきは、そんな自分の気持ちにひと区切りをつける終止符のようなものなのでしょう。

どちらかと言うと、人前では感情を抑えるため、ストレスを抱え込みやすい私たち日本人。自分に合った小さなひと言があれば、〝ヤレヤレな状況〟も少しは乗り切りやすいかもしれません。

声を出すと、終止符が打てる!?

GOOD GRIEF
ヤレヤレ!

I'M SORRY..
EVEN IF YOU HAVE THE RIGHT NUMBER,
I THINK YOU HAVE THE WRONG NUMBER

申し訳ありません…
番号はあってるとしても、番号違いです

9-29-1988

9-19-1994

Dear Pen Pal

1　ペンフレンド様

WHY DO YOU WANT TO WRITE TO SOMEONE IN ANOTHER COUNTRY YOU DON'T EVEN KNOW?

2　知りもしない
よその国のだれかに
どうして手紙なんか
書きたいの？

IT HELPS TO PROMOTE CULTURAL UNDERSTANDING

3　文化理解に役立つのさ

How are you?
WHEN THEY SEE WRITING LIKE THAT, THEY'LL WANT TO ATTACK US..
SCHULZ

4　元気ですか？

そんな字見たら、
戦争しかけたくなるかもよ…

How are you?

PEN PAL
ペンフレンド

書いた文字なら、もっと伝わる。

ペンフレンドに、しばしば手紙を書くチャーリー・ブラウン。ペンを使うのに慣れていないため、いつも便箋《びんせん》を汚してしまいます。電話やEメールが発達した現代では、わざわざ自筆で手紙を書くことは稀《まれ》になってきました。では、手紙はこのまま前世紀の遺物になってしまうのでしょうか。

手紙は、電話やEメールに比べると時間や手間の掛かるもの。気に入った便箋や封筒を選び、相手のことを思い浮かべて文章を考え、ときには辞書を引き、切手を貼って、ポストまで行く。それだけのプロセスがあるからこそ、手紙には相手への思いが自然と込められるのでしょう。しかも、自筆の文字にはワープロで書いた文字にはない温かさがあり、書き手の個性や書いた時の気持ちまでも伝えます。さらに、手紙なら受け取った人がいつまでも手元に残しておくこともできます。

大好きな人へ、お世話になった方へ、ペンフレンドへ。たとえ上手な字でなくとも丁寧に書けば、気持ちはきっと伝わります。

1　ハイ、チャック…
私に会えなくて寂しいかなって
思って電話したの…

私のこともそう思ってるか
訊いて下さい…

2　あなたのこと訊きながら、
私のこと訊けるはずないでしょ?

3　申し訳ありません…
番号はあってるとしても、
番号違いです

ペパーミント パティとマーシーのふたりから好意を寄せられ、困り果てるチャーリー・ブラウン。機転を利かせて、何とか窮地を切り抜けようとします。

言葉は、一度口に出すと取り消すことができないもの。それだけに、相手の心を傷つける恐れのあることを伝えなければならないとき、私たちはその言い回しに思い悩んでしまいます。たとえば、相手の性格や状況によっては、ユーモアやほほ笑みのベールに包んだ方がいい場合があります。また、同じ事実でも、視点を変えれば前向きな表現で言えることもあります。さらには、小さな嘘を交えた方がいい場合さえあります。そして、もちろん、言葉を選びつつも率直に、ありのままを伝えた方がいいことも少なくありません。

大事な相手を傷つけたくないし、自分自身も嫌われたくない。そしてこれからも相手と自分との関係を続けたい。そんなとき、私たちは頭を働かせ、さまざまな言い方を考え出すのでしょう。

ときには、ユーモアのベールに包んで。

WRONG NUMBER
番号違い

FOR "SHOW AND TELL" THIS MORNING I HAVE A TURTLE WHICH I SAVED WHEN IT WAS TRYING TO CROSS THE ROAD..

1 今朝の“見せてお話”には
カメをもってきました
道路を横切ろうとしてたのを
拾ったんです…

IT ISN'T ?
3-4

2 カメじゃない?

FOR "SHOW AND TELL" THIS MORNING I HAVE A HUBCAP WHICH I SAVED WHEN IT WAS TRYING TO CROSS THE ROAD..
SCHULZ

3 今朝の“見せてお話”には
ホイールキャップをもってきました
道路を横切ろうとしてたのを
拾ったんです…

SHOW AND TELL

見せてお話

好きなことなら、きっと話せる。

クラスメートの前で、何かを見せながら話す〝見せてお話〟の授業。サリーをはじめ、子供たちはさまざまな工夫をします。

大勢の前で人を引き付ける話をすることは、とても難しいこと。特に、子供時代、人前で話をするレッスンをあまり受けていない日本人にとってはなおさらです。しかし、国際化が進み、日本的な〝以心伝心〟が通じない場合も多い現代では、きちんとスピーチができることは大切。しかも、多くの人に話を聞いてもらうことは楽しいことでもあります。スピーチのためには、まず自分が伝えたいことやものを徹底的に知ること。次に、自分がなぜ好きなのか、どんなところがいいと思うのかなど自ら問いかけ、具体的な答えを出すこと。さらに、相手にそれを伝えたいと真剣に願うことです。

表現の仕方や話術は巧みではないかもしれない。でも、本当にみんなに伝えたいという情熱があれば、たとえ話しベタだと思い込んでいる人でもきっと伝えられます。

LISTEN TO THIS...

1 ねぇ、
ちょっと聞いて

IT SAYS HERE THAT NOTHING PLEASES A MOTHER MORE ON MOTHER'S DAY THAN TO RECEIVE A LONG-DISTANCE CALL FROM ONE OF HER CHILDREN
5-10

2 母の日に母親が一番うれしいのは、
子どもからの長距離電話だって
新聞に出てるわ

THAT'S A GOOD THOUGHT...

3 いい考えだね…

4

Tm. Reg. U.S. Pat. Off.—All rights reserved
Copr. 1964 by United Feature Syndicate, Inc.

5

HELLO..... MOM?
SCHULZ

6 もしもし…ママ？

MOTHER'S DAY
母の日

母の歩みを、きちんと知りたい。

母の日、ライナスをはじめピーナッツの仲間たちは、それぞれ母親を喜ばせようとさまざまなアイデアを考え出します。

母親は、私たちにとって最も身近な存在のひとり。それだけに、普段、特別な話をしなくとも、十分に互いを理解しているように感じてしまいます。しかし、本当に子供たちは母親のことをわかっているのでしょうか。たとえば、少女時代、どんな勉強が好きだったのか。将来は何になりたいと夢見ていたのか。初恋はいつなのか。どんなきっかけで父親と出会い、結婚を決めたのか。そして、自分と同じ年齢のころ、何を思っていたのか。食卓を囲みながら、思い出話に耳を傾ける。なかなか会えないなら、電話をかけておしゃべりをする。もしも、もう会えないならば、アルバムをめくり、母親をよく知る人に話を聞く。

いつまでも限りない愛情を注いでくれる〝かけがえのない存在〟の母親。一年に一度の母の日は、ありがとうの言葉と共に、その歩みを尋ねてはいかがでしょう。

THAT COULDN'T POSSIBLY BE TRUE! ANYWAY, I SURE DON'T BELIEVE IT!

1 そんなこと本当のはずないわ!
とにかく、私は絶対信じないわよ!

WELL, THAT'S WHAT I READ, AND IT SOUNDED RIGHT TO ME...
7-7

2 いいけどね、
そう書いてあったのさ、
ぼくにはまちがいとは
思えなかったね…

THE FIGURES ARE WAY TOO HIGH
I DON'T THINK SO AT ALL
© 1983 United Feature Syndicate, Inc.

3 その数字は高すぎるわよ

ぼくは全然そうは
思わないね

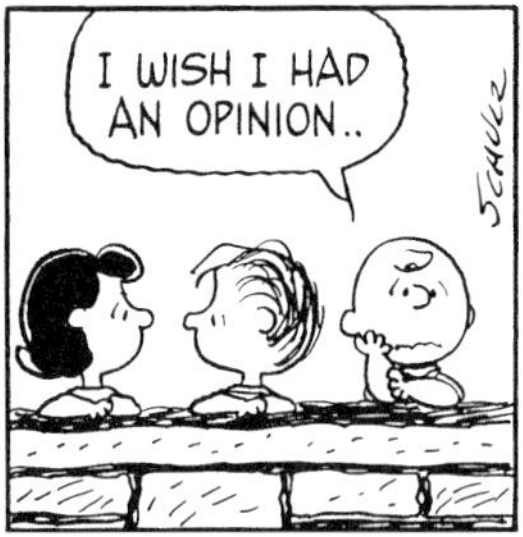
I WISH I HAD AN OPINION..
SCHULZ

4 ぼくにも意見があったらな…

激しく言い合うルーシーとライナス。チャーリー・ブラウンは、ひとり、その様子をうらやましそうに眺めています。

おとなにとっても、上手に議論することは難しいもの。つい攻撃的になって相手を打ち負かそうとしたり、思わず感情的になったり、自分の意見が否定されるとまるで全人格が否定されたようにすねたり、さらには聞く一方で発言できなかったり……。しかし、議論の場は、さまざまなものの見方を知り、ひとつのテーマを深く考え、進展させる絶好のチャンス。たとえ自分の意見が採用されなくとも、議論に加わるだけで結果に納得がゆくことも多いものです。そこで、まず、だれもが参加できる雰囲気をつくる。相手の意見に耳を傾ける姿勢を保つ。互いの違いを認め、尊重し合う。そして、ときには思い切って発言する。

明るい方向へと時代を転換したい今日、学校やオフィスの中でも、一般社会でも、そんな自由な議論の場が求められているのかもしれません。

参加することに、意義がある。

OPINION
意見

9-7-1979

A BEAN BAG IS A PERFECT PLACE TO SULK

1　ビーン・バッグ・チェアってのは
すねてるのに
おあつらえむきの場所ね

YOU CAN SINK WAY DOWN DEEP, AND SULK FOR HOURS...
9-7

2　底のほうに沈みこんで
何時間でもすねていられるわ…

YOU ONLY HAVE TO STICK YOUR HEAD UP ONCE IN A WHILE...
© 1979 United Feature Syndicate, Inc.

3　ときどき顔をあげてみる
必要はあるけど…

...TO SEE IF ANYBODY CARES
SCHULZ

4　…だれかが私のこと気にして
くれてるかどうか見るためにね

ルーシーがすねるときやチャーリー・ブラウンがひとりテレビを見るときなど、さまざまなシーンで登場するビーン・バッグ・チェア。そこは、彼らにとってのお気に入りの空間です。

読書をしたり、手紙を書いたり、物思いにふけったり……。私たちには、みな、自分ひとりになれる〝隠れ家〟のような空間が必要なようです。しかし、それは、必ずしもきちんとした書斎や勉強部屋ではなくともいいのでしょう。たとえば、ベッドルームの片隅に好きなチェアと照明とパソコンを置く。キッチンの小さなテーブルを、ある時間だけ自分のデスクに早変わりさせる。行きつけのカフェをつくる。あるいは、マイカーやお気に入りの散歩道が、その役割を果たしてくれるかもしれません。

そんな場所で、ひとり静かな時間を過ごす。心を落ち着かせ、普段の自分に返る。そうすることで、私たちは家族や仲間といつも通りに接したり、仕事や勉学への意欲を取り戻したり、何かを決断したりすることができるのでしょう。

心の隠れ家、みつけたい。

BEAN BAG
ビーン・バッグ・チェア

© 1978 United Feature Syndicate, Inc.
2-17

1

GOOD GRIEF, I'M DROWNING!

2 ヤレヤレ、ぼく溺れかけてる!

WHERE ARE ALL MY FRIENDS?!

3 友だちはみんな
どこへ行っちゃったんだ!?

SCHULZ

4

雨でびしょ濡れになってしまったスヌーピー。友達にSOSを出して、傘を差しかけてもらいます。

春雨《はるさめ》、時雨《しぐれ》、五月雨《さみだれ》、夕立ち……。日本にはさまざまな雨の呼び名があるように、私たちは昔から雨を自然の恵みとしてとらえ、共に生きてきました。ところが、天気予報で毎日の降水確率が発表され、道も舗装されて水たまりができなくなるにつれ、私たちは雨を快適な生活への邪魔物としてとらえるようになってきているようです。しかし、雨はいまも農作物への水やりはもとより、私たちの心に新鮮な潤いをくれるもの。たとえば、色鮮やかになったアジサイの美しさにハッとしたり、思いがけないカエルの鳴き声に遠い日々を思い出したり、雨音しか聞こえない部屋でふと詩のフレーズが浮かんだり、雨上がりの木々の緑に心が洗われるように感じたり……。

雨の日だから、いつもと違う角度から物が見える。音が聞こえる。思索ができる。そんな雨の季節もよいものです。

雨の日だから、出会えるもの。

RAIN
雨

1-27-1968

PEANUTS
MY DAD LIKES TO HAVE ME COME DOWN TO THE BARBER SHOP, AND WAIT FOR HIM

1　ぼくがパパの理髪店に来て
待ってるのが
パパは好きなんだ

NO MATTER HOW BUSY HE IS, EVEN IF THE SHOP IS FULL OF CUSTOMERS, HE ALWAYS STOPS TO SAY, "HI" TO ME...
Tm. Reg. U. S. Pat. Off.—All rights reserved
© 1968 by United Feature Syndicate, Inc.

2　どんなに忙しくても、
お客さんで店がいっぱいでも、
パパは手をとめて
「よう」って言ってくれる

I SIT HERE ON THE BENCH UNTIL SIX O'CLOCK, WHEN HE'S THROUGH, AND THEN WE RIDE HOME TOGETHER..
1-27

3　ぼくは6時までこのベンチに座ってて
仕事が終わると
ふたりで一緒に車でうちへ帰る…

IT REALLY DOESN'T TAKE MUCH TO MAKE A DAD HAPPY...
SCHULZ

4　父親を幸せにするのって、
手がかからないな…

FATHER'S DAY
父の日

父親だって、待っている。

理髪店をやっている父親が仕事を終えるのを待つ、チャーリー・ブラウン。彼のそんなちょっとした行いでも、父親は喜んでくれます。

多くの家庭では、父親の仕事姿を家族が見る機会はありません。目にするのは、帰宅した後の疲れた表情や休日のリラックスした姿ばかり。しかし、それは父親のほんの一面にしか過ぎないのです。しかも、一般的に、日本人の父親は無口で、愛情表現が苦手。後に仕事仲間などから話を聞いて初めて、どんなに家族を大切に思っていたのか、そして家族には見せていない側面があったのかを理解することも少なくないのです。

母の日と比べると、忘れられがちな父の日。しかし、本当は父親も子供たちが愛情を示してくれるのはうれしいはず。プレゼントはもちろん、チャーリー・ブラウンのように迎えに行くのでも、靴を磨いてあげるのでも、お疲れさまのひと言だけでもいい。自分なりの方法で、感謝の気持ちを伝えたいものです。

WHEN YOU'RE YOUNG,
YOU THINK A LOT ABOUT THE FUTURE

若いころは、
いろいろ将来を考えるものさ

1-15-1971

1-5-1996

I ASKED MY MOM AGAIN IF I COULD HAVE A DOG, BUT SHE SAID, "NO"..

1　ママに犬が飼えないか
もう一度訊いてみたけど、
「駄目」だって…

I TOLD HER ABOUT GOOD DOGS..DOGS WHO MAKE YOU HAPPY..

2　いい犬のこと話したんだ…
人を幸せにしてくれる犬のこと…

I TOLD HER ABOUT DOGS WHO ARE LIKE FRIENDS..DOGS YOU CAN TALK TO, AND..

1-5-96
Z
SCHULZ

3　友達みたいな犬のこと…
話しかけることの出来る
犬のこと、
それから…

4　グー

犬を飼いたくて、さまざまな策を練るリラン。残念ながら、なかなか母親のオーケーがもらえません。

毎日、食事の世話をしてあげなければならないペットを飼うことは、私たちが失いがちな大切なことを教えてくれるようです。たとえば、相手をいとおしく思い、見返りなく愛を注ぐ感情。弱い者をいたわり、優しくしてあげる気持ち。自分の帰宅をだれかが待ってくれる喜び。そして、その生命さえも預かっているという責任感。また、ペットの多くは、人間よりも早いスピードで年齢を重ねるもの。それだけに、かつては同居が当たり前だった祖父母に代わって、老いることや死ぬこと、さらには愛するものを失う悲しみさえも自然と伝えてくれます。

ときには遊び仲間に、ときには気持ちを癒してくれる親友に、ときには愛らしく生意気な妹や弟に、そしてときには何かを教えてくれる先輩に……。ペットは私たちの人生と寄り添い、それを深めてくれる存在なのでしょう。

可愛いだけ、じゃない。

PET
ペット

I'VE DECIDED TO RUN FOR CLASS PRESIDENT

1 生徒会長に立候補する
ことにしたんだ

GOOD FOR YOU, "PIGPEN," BUT MAYBE YOU SHOULD SORT OF CLEAN UP A BIT FIRST...
9-24

2 いいね“ピッグペン”、
でもまず少しきれいにしたほうが
いいんじゃないかな…

I HAVE... I TOOK ALL THE OLD CANDY WRAPPERS OUT OF MY POCKETS..
SCHULZ

3 もうした…
ポケットから古いキャンディの
包み紙 みんな出したよ…

汚れを吸い取る不思議な力を持ち、いつも全身、ほこりだらけのピッグペン。見かけはだらしなくとも、生徒会長に立候補するなど、誇り高き精神を抱いています。

私たちの多くは、外国人やハンディキャップを持つ人など自分たちと見た目の異なる人々に対し、目を合わすのを避けたり、不自然な対応をしたりしがちです。それは、周囲にそのような人があまりいないため、必要以上に神経質になってしまうからでしょう。しかし、国籍も障害も、性別や年齢、背丈、学歴、職業、資格などと同様に、人が持っている多くの特徴のひとつ。決して、その人のすべてではありません。それだけに、思い切って声を掛け、交流を重ねるにつれて、外見の違いは意識しなくなり、普通の人間関係と同様に内面の方へと目がゆくようになるのではないでしょうか。

国際化や街のバリアフリー化が進みつつある21世紀。まずは、私たちの心をバリアフリーにすることから始めたいものです。

心の中に、壁がある!?

DUST
ほこり

I THINK YOU'RE AFRAID TO BE HAPPY, CHARLIE BROWN
© 1984 United Feature Syndicate, Inc.

1 きみは幸せになるのを
恐れているんだよ、
チャーリー・ブラウン

DON'T YOU THINK HAPPINESS WOULD BE GOOD FOR YOU?

2 幸福はきみのためになるって
思わないかい?

I DON'T KNOW...

3 どうかなァ…

WHAT ARE THE SIDE EFFECTS?
8/23
SCHULZ

4 副作用はないかな?

幸せについて語り合うチャーリー・ブラウンとライナス。それは、だれにとっても難しい問題です。

私たちは子供のころから人と自分とを比較することに慣れているため、自分が幸せかどうかさえも、人と比べて判断しがちです。しかし、幸せの尺度はひとりひとり違うもの。たとえば、他人から見ると平凡な毎日の繰り返しであっても、本人にとっては何より幸せな人生かもしれません。また、たとえ過酷な日々であっても、自分の夢や可能性をつねに追い求めている人生こそが幸せだと感じている人も多いでしょう。

有名な学校を卒業し、安定した就職先を探し、マイホームを持つ。そんな従来の幸せのイメージも崩れつつある現代。まずは世間的な目にとらわれず、自分なりの幸せを考え、見取り図を描く。そして、それを実現するためにはどうしたらいいかを検討し、歩んでいく。部屋の照明をコントローラーで少しずつ明るくしていくように、私たちも幸せ度を高めていきたいものです。

幸せに、偏差値はない。

HAPPINESS
幸せ

PEANUTS
WHEN YOU'RE YOUNG, YOU THINK A LOT ABOUT THE FUTURE

1 若いころは、
いろいろ将来を考えるものさ

YOU THINK ABOUT LIFE...
Tm. Reg. U.S. Pat. Off.—All rights reserved © 1971 by United Feature Syndicate, Inc.

2 人生について考え…

YOU THINK A LOT ABOUT WHAT YOU HOPE YOU'LL BE..

3 自分がなりたいと願ってるもの
のことを考える…

1-15
WOODSTOCK WANTS TO BE AN EAGLE
SCHULZ

4 ウッドストックは
ワシになりたいんだ

いつかワシになりたいと願っているウッドストック。若いころは、だれもがいまの現実から離れ、遠い未来を夢見るものです。

しかし、たくさんの小さな点が並んでひとつの線となるように、毎日の積み重ねがその人の人生となり、夢見た未来へとつながります。それだけに、自分が願っている夢をいつの日か実現するためには、いま、何をすべきなのか。きょう、一体、何ができるのか。それを真剣に考え、日々、歩み続けることが、何より大切なのでしょう。そして、もしも将来、若いころに願っていたように自分がならなくとも、それが充実した毎日を送った結果であれば、決して後悔しないのではないでしょうか。

コツコツと継続すること。それは、カッコイイことでも、華やかなことでもありません。むしろ地道で、かつ大変なことです。しかし、そんな毎日の変わらぬ姿勢こそ、生きていく上で大切にしたい宝物なのです。

宝物は、毎日の気持ちの中にある。

FUTURE
未来

YOU'RE GOING OUTSIDE WITH THAT KITE?!
© 1987 United Feature Syndicate, Inc.

1 その凧もって外へ行く気?!

THERE'S A TREE OUT THERE JUST WAITING FOR YOUR KITE! YOU DON'T HAVE A CHANCE!
2-9

2 凧食いの木が待ちかまえてるわよ!
逃げられないわ!

BUT YOU'RE GOING OUT THERE ANYWAY, AREN'T YOU? WHY? WHY?

3 でもどのみち行くのね、
そうなんでしょ?
どうして? どうしてなの?

A MAN HAS TO DO WHAT HE HAS TO DO!
SCHULZ

4 男にゃ男の意地がある!

凧を上げると、必ず凧食いの木に糸をからめてしまうチャーリー・ブラウン。それがわかっていながら、また今日も出掛ける。彼の行動は、サリーならずとも不思議です。

私たちは年齢を重ねるにつれ、自らの能力の限界が見えると同時に、いま置かれた自分の状況も考えるようになるもの。そのため、たとえやりたいことがあったとしても、自分にはできないと容易に諦めてしまいがちです。しかしたとえば、子育て後に国内や海外の学校で何かを学び始めたり、ずっと撮り続けている写真がどこかの誌面を飾ったり、長年の夢だったミュージシャンとなってCDを発表したりする人たちもいます。

生きている限り、ゆっくりとでもやりたいことに向かって前進する。自分の夢を諦めずに、ずっと抱き続ける。叶うと信じていれば、夢は消えずに待っています。凧上げにこだわり続けるチャーリー・ブラウン。彼も、いつの日か大空に凧を舞い上がらせる時が来ることを信じているのでしょう。

いつか、大空に舞い上がる。

KITE
凧

YES, MA'AM, HE'S MY DOG.. DOGS CAN'T TAKE DANCE LESSONS?

1 はい、ぼくの犬です…
犬はダンスのレッスン
受けられないですって?

THEN I GUESS WE'LL HAVE TO GO HOME..
8-12

2 じゃあうちへ
帰るしかないな…

WE HAVE SORT OF AN AGREEMENT..HE GOES WHERE I GO, AND I GO WHERE HE GOES..

3 ぼくらには一種の
合意があるんです…
ぼくの行くところには彼も行く、
彼の行くところにはぼくも行く…

EXCEPT WHEN HE'S FLYING, BUT DON'T ASK ME TO EXPLAIN THAT..
SCHULZ

4 彼が飛ぶときは別ですけど、
でもその説明は
かんべんして下さい…

ぼくの行くところには彼も行く、彼の行くところにはぼくも行く、と話すチャーリー・ブラウン。そんな言葉に知らん顔をしているスヌーピーも、本当は彼を大切な友達だと思っています。

学校やクラブ活動などで多くの時間を一緒に過ごし、たくさんの出来事を共有してきた友人。彼らは共に成長してきた仲間です。自分のかつての未熟さや思い出したくない失敗さえも知っている彼らだけに、私たちのなかにはその人間関係を疎ましく感じる人もいるでしょう。しかし実際に顔を合わせれば、そんな戸惑いもたちまち消えて昔と同じ親しさが甦る。さらにはたとえ会う機会がなくとも、彼らと積み重ねた時間の記憶は、時が過ぎるにつれ、眩しいほど貴重な思い出へと変わるのです。

チャーリー・ブラウンとスヌーピーはもとより、ピーナッツの仲間たちが互いにいつまでも掛け替えのない友人同士であるように、私たちの誰もが心のなかに自分だけの宝物のような仲間を秘かに持っているのではないでしょうか。

共に過ごした時間が、輝きに変わる。

PAL
仲間

6-25-1998

WHAT A FACE! I'LL NEVER BE BEAUTIFUL..
YOU WILL SOMEDAY, SIR.. ALL OF YOUR FEATURES WILL SETTLE INTO THEIR PROPER SIZES AND PLACES, AND YOU'LL BE BEAUTIFUL

1　なんて顔！　私、絶対美人になれない…

いつかなれますよ、先輩…
あるべきものがあるべきサイズで
あるべき所に収まれば、
美しくなるんです

WHAT ABOUT MY HANDS?
SOMEDAY YOU'LL HAVE PRETTY HANDS, SIR..

2　私の手はどう？

いつか美しい手に
なりますよ…

WHAT ABOUT A CERTAIN FRIEND OF MINE?
SHE'LL BE GORGEOUS!
SCHULZ

3　友達の誰かさんは？

彼女は絶世の美人に
なります！

Vol.40

NOSE
鼻

コンプレックスは、人生の原動力。

鼻が大きくて美人になれないと、自分の容姿にコンプレックスを抱えているペパーミント パティ。その姿は、私たちから見るとかえってキュートです。

人は容姿に限らず、様々なコンプレックスを持っています。特に若い頃は、他の人から見ると実に些細なことまでも、大きな悩みにしがちです。しかしコンプレックスは、人が成長するためのエネルギー源。たとえば、兄に比べて劣っていると思い込んでいた弟が好きなスポーツに打ち込み、世界へ羽ばたくことがあります。故郷の訛りを気にしていた人が美しい言葉づかいを身に付け、俳優やアナウンサーとして活躍することもあります。自分の外見に自信のない人が髪型やメイクに興味を持ち、美容のジャンルで能力を発揮することもあります。

振り返ってみると、コンプレックスがあったからこそ、いまの自分がある。だからこそ、頑張って来れた。ペパーミント パティにも、いつかそう思える日が来るのではないでしょうか。

2-7-1991

WHO ARE ALL THOSE PEOPLE DRIVING BY IN THOSE CARS?

1　車を運転してゆくのは、
一体どういう人たちなの？

THOSE ARE PEOPLE GOING TO WORK..
WORK?

2　働きに行く人たちだよ…

働きに？

THEY USED TO WAIT FOR THE SCHOOL BUS LIKE WE'RE DOING...
2-7

3　昔はぼくらみたいに
スクールバスを
待ってたもんさ…

NOW THEY HAVE TO GO TO WORK EVERY DAY FOR THE REST OF THEIR LIVES..
GOOD GRIEF! WHOSE IDEA WAS THAT?
SCHULZ

4　今じゃ一生毎日働きに
行かなきゃなんない…

ヤレヤレ！
それ一体誰の
アイデア？

兄のチャーリー・ブラウンと共に、スクールバスを待つサリー。学校を卒業すると、今度は働きに出掛けなければならないことを知り、愕然《がくぜん》とします。

仕事は、人生の中の多大な時間を費やすもの。それだけに、若い頃に好きな仕事と出会い、それに専念できればベストです。しかし多くの人は、子供の頃に夢見たような仕事とは違う職業に就いていたり、生活のためだけに見つけた仕事を続けていたり、希望の職場に入りながらも自分の能力を発揮できず不満を抱えていたり、決して満足できる状況にはないものです。

そんな中でも、自分なりにその仕事の魅力や意味合いを見つけ出す。たとえ与えられた仕事がやりがいのない単調なものに思えても、何かしら新たな工夫を施し、面白がる。いまある仕事に好きな部分を見つけ、前向きに取り組んでみる。そこから得られたアイデアや思考法、人間関係などは、将来、きっと自分へのご褒美として戻ってくるでしょう。

仕事だって、好きになりたい。

WORK
働くこと

I COULDN'T SLEEP LAST NIGHT.. I KEPT WORRYING ABOUT SCHOOL, AND ABOUT LIFE AND ABOUT EVERYTHING..
© 1990 United Feature Syndicate, Inc.

1　ゆうべ眠れなかったんだ…
学校、人生、
なにもかもが心配で…

I DIDN'T SLEEP WELL, EITHER...
3-19

2　ぼくもあんまりよく眠れなかった…

ALL NIGHT LONG I KEPT WORRYING THAT THE MOON WAS GOING TO FALL ON MY HEAD..
SCHULZ

3　一晩中、月が頭の上に
落ちてくるんじゃないかって
心配で…

Vol.42

WORRY
心配

羊の数をかぞえる夜。

様々な不安が押し寄せ、眠れなくなってしまったと話すチャーリー・ブラウン。私たちも、ときに眠れない夜を過ごすことがあるものです。

夜中に何かを心配し始めると、不安が不安を呼び、さらに眠れなくなってしまうものです。そんなときは、何よりも眠らなければいけない、と思い込まないこと。明日のスケジュールを考え、睡眠時間を逆算するのはかえって逆効果。目をつむったまま楽しいことを考えたり、羊の数ならぬ何かの数字や名前を追ってみたり。それでも眠れなかったなら、もう一度灯りをつけて、好きな音楽を聴いたり、読書をしたり、ハーブティーでリラックスしたり……。目が覚めてしまったことを気に病むのではなく、受け入れてしまった方がよいのです。

そんな不眠への対処法を友人に聞いたり、調べたりして、自分なりの方法をみつける。様々な心配事を抱えざるを得ない現代社会では、不眠と上手に付き合うノウハウも必要なようです。

SEE, MARCIE? MY AD IS IN THE PAPER..

1 ほらね、マーシー?
私の広告が
新聞にのってるわ…

"HELP WANTED.. ATTRACTIVE YOUNG LADY CAN'T REMEMBER HISTORY DATES"

2 “助けを求む…
当方魅力的な若い女性。
歴史の年代が
暗記出来ません”

"DOESN'T UNDERSTAND FRACTIONS.. CALL PATRICIA REICHARDT AT NUMBER BELOW.."
2-5

3 “分数も理解出来ません…
パトリシア・ライチャート、
下記までお電話乞う…”

WHAT DO YOU THINK, MARCIE?
YOU ARE EXTREMELY WEIRD, SIR

4 どう思う、マーシー?

あなたは極めつけの
変人ですね

自らを魅力的な若いレディーと呼び、新聞に広告を載せたペパーミント パティ。その突拍子もない行動には、親友のマーシーも呆れ果てます。

常識にはない斬新な発想やアイデアで行動する人や、脇目もふらずひとつのことに打ち込んでいる人。彼らは学校や仕事場で、ときに奇異な目で見られたり、仲間はずれにされたりすることもあるようです。しかしたとえば、地球は回っていると主張したガリレオ・ガリレイも、人類初の動力飛行機を飛ばしたライト兄弟も、当時は周囲の人々の多くから〝変人〟だと思われながらも、自分を信じ続けることで偉業を達成しました。

人とは違う自分の持ち味を知り、それを伸ばして、能力や魅力へと転換する。さらには周囲の人たちもその人の個性を尊重し、応援する。あらゆる分野で行き詰まったように見える現代の日本社会。この現状を変えることができるのは、才能豊かで実行力のある変わり者たちかもしれません。

変わり者こそ、ヒーローになれる!?

WEIRD
変人

Dear Sweetheart,
I miss you
so much.
© 1981 United Feature Syndicate, Inc.
8-17

1 親愛なるかわいこちゃん、
きみが恋しいよ

Tears of loneliness
fill my eyes as I
think of you.

2 きみを想うと、さびしさの涙で
我がまなこはあふれる

Tears of love
drop onto these
lines I write.

3 愛の涙はぼくの書く
この一行一行にこぼれおちる

TEARS!
SCHULZ

4 涙さ!

Vol.44

TEARS
涙

涙は、心の保湿薬。

ガールフレンドへのラブレターに、涙の跡を付けようとするスヌーピー。果たして、その作戦は効を奏するのでしょうか。

私たちは、悲しいとき、辛いとき、悔しいとき、痛いとき、そして感動したときや嬉しいときなど、様々なシーンで涙を流します。人間にとって、泣くことはごく自然な行為。ひとり孤独を感じたとき、思わず涙を流すことで、心が癒されるように感じることがあります。またお葬式で泣くことで、悲しみが和らぎ、その人を本当に送った気持ちになることもあります。さらにみんなで何かを成し遂げたとき、共に涙を流すことで結束力が一層強まるように思えることもあります。そしてたとえば、いつもは感情をあまり表に出さない父親が自分のために泣くシーンと出会ったときのように、思い掛けない人の思い掛けない涙は、人の心を強く揺り動かします。

嘘の涙ではない、人が流す真実の涙。それは、植物への水やりのように、私たちの心を潤わせてくれる大切なものです。

A NEW SEASON! THIS IS WHERE I BELONG! THIS IS MY LIFE!

1 新しい野球シーズンだ!
ここそぼくの場所だ!
これこそぼくの人生だ!

I STAND HERE LIKE THE CAPTAIN OF A SHIP!
3-17

2 船の船長さながら
ぼくはここに立つ!

NOTHING CAN SINK THIS VESSEL EXCEPT...

3 何ものもこの船を
沈めることは
出来ない、
ただ…

HI, MANAGER! I'M READY TO GO!

4 ハイ、監督!
私、バッチリよ!

..AN ICEBERG!
SCHULZ

5 …氷山の他は!

Vol.45

PITCHER'S MOUND
ピッチャーズ・マウンド

ときには、舞台に上がりたい。

ピーナッツの仲間たちがプレーする野球チームのピッチャーであり、監督でもあるチャーリー・ブラウン。毎年、野球シーズンが開幕する日、胸を高鳴らせてマウンドに上がります。

子供時代、私たちは学芸会や発表会、運動会など、ドキドキとするような晴れ舞台がいくつもありました。しかし年齢を重ねるにつれ、そのようなチャンスは次第と減ってくるようです。だからこそ、ときには自宅に友人を招き手料理をご馳走したり、かつて手にしたギターで好きだった曲の演奏を披露したり、思い切って水泳の大会にエントリーしたり……。日常生活の中で、自分の好きな分野での成果を発表する機会を作ってはどうでしょう。それによって目標ができ、練習にも張りが出る。普段は経験できない緊張や興奮を克服することで、自信が深まる。さらには家族や友人に自分の新しい面を見てもらい、誉めてもらうことで、ますますやる気も出る。そんなおとなのための晴れ舞台。それは、人生をより豊かにするひとつの方法かもしれません。

3-17-1997

THIS IS WHERE I BELONG!
THIS IS MY LIFE!

ここここそぼくの場所だ！
これこそぼくの人生だ！

2-29-1980

WHY DON'T YOU GO OUT TO THE KITCHEN AND GET ME A NICE DISH OF ICE CREAM?
© 1980 United Feature Syndicate, Inc.

1 台所へいって
おいしいアイスクリーム一皿
もってきてくれない?

WHAT WOULD HAPPEN IF I TOLD YOU TO GO JUMP IN THE LAKE?

2 もし湖にでもとびこみなって
いったらどうなる?

I CAN'T REALLY SAY FOR CERTAIN, BUT YEARS FROM NOW YOU'LL BE SURE TO REGRET IT!
2-29

3 たしかだとはいえないけど、
何年かあとにあなたはきっと
後悔するわね!

A PERSON HAS TO BE CAREFUL ABOUT THINGS HE MIGHT REGRET YEARS FROM NOW
SCHULZ

4 何年かあとに
後悔することについちゃ
注意深くなくちゃね

Vol.46

NEGOTIATION

交渉

笑顔で終える交渉術。

アイスクリームをとってきて、とルーシーに言われたライナス。彼女の殺し文句に負け、結局、キッチンへと足を運ぶことになります。

私たちの日常にある交渉事。それは家族とのおこづかい交渉をはじめ、ショッピングでの値引きやビジネス上での多様な交渉など、人によって様々です。しかしそれら交渉を上手に進めるには、共通する秘訣があるようです。たとえば、事前に相手の立場に立って考えてみること。相手がいまどんな事情で、どんな条件なら受け入れやすいのか。それを知ると、合意しやすくなります。そして実際の話し合いの場では、相手を信頼していることを示し、自らも歩み寄る姿勢を見せること。交渉が難航しても感情を高ぶらせたりせず、粘り強く話をすること。さらにはたとえ話などを入れると、より伝わりやすくなります。

勝った負けたと思いがちな交渉。しかし相手も自分も結果に納得し、ハッピーになれてこそ、本当の成功と言えるようです。

HEY, CHUCK, GUESS WHAT...I'M RUNNING FOR "QUEEN OF THE MAY" AT OUR SCHOOL!
5-1

1 ねえ、チャック、きいて…私
学校の“5月の女王”に
立候補するの！

THAT'S INTERESTING... LUCY HAS ALREADY BEEN CHOSEN AT OUR SCHOOL

2 そりゃ面白いな…
うちの学校ではルーシーが
もう選ばれたよ

YOUR SCHOOL HAS PRETTY LOW STANDARDS, HUH, CHUCK?
© 1986 United Feature Syndicate, Inc.

3 おたくの学校、すごく
基準が低いのね、
どうなの、チャック？

SHE SAYS, "CONGRATULATIONS"
SCHULZ

4 “おめでとう”って
言ってるよ

ペパーミント パティの強烈なひと言を、さりげなく変えてルーシーに伝えるチャーリー・ブラウン。一対一で話し、他の人には聞こえない電話だからこそできる気づかいです。

直接相手の声が耳元で聞こえ、しかもメールのように記録として残らない電話。離れている好きな人と愛を語り合ったり、遠く海外に住む家族とひとときの団欒《だんらん》を持ったり、目の前の出来事を実況中継したり、喜びや寂しさを同時に共有したり、一緒にメロディーを口ずさんだり、電話だからこそできることもあります。また電話で話すことで素敵な声の持ち主であることに気付いたり、それとなく体調を察したりすることもあります。その一方で、相手の生活に突然侵入する電話は、思い掛けない迷惑電話や声の暴力となる可能性もあります。

電話だけでなく、手紙やファックス、メールなど、様々なコミュニケーションツールがある現代の社会。それぞれの特性を活かして、上手に楽しく使いこなしたいものです。

耳元で声が聞こえる、嬉しさ。

TELEPHONE
電話

I THINK I'M GETTING SMARTER EVERY DAY..
GOOD FOR YOU
© 1993 United Feature Syndicate, Inc.

1　私、毎日利口になるわ…

いいことだね

DID YOU KNOW THERE'S NO SCHOOL ON SATURDAYS? I WENT DOWN THERE TODAY, AND ALL THE DOORS WERE LOCKED..
1-16

2　土曜日は学校が休みだって知ってる?
今日行ってみたら、
ドアに全部鍵が
かかってたわ…

I FIGURED THAT ONE OUT IN A HURRY!
SCHULZ

3　どういうことか、
急いで頭を働かせたわ!

Vol.48

土曜日に間違えて学校へ行ってしまったと話すサリー。毎日の習慣が、自然と彼女の足を学校へと向かわせてしまったようです。

起床の時間から、朝食のメニュー、駅までの道のり、乗る電車、ランチの相手、就寝の時間……。私たちは1日24時間、様々な習慣と共に生きています。習慣は、いわば生活を刻むリズムのようなもの。もともと大自然のリズムに合わせて生活を営んできた私たちにとって、自分自身の自然なリズムで暮らすことは身体的にも精神的にも健やかであるための秘訣でしょう。

それでもときには、朝早く起きてみたり、知らない駅で下車して散策してみたり、普段と違う人を食事に誘ってみたり、いつもと異なることをしてみる。規則的なリズムの中にシンコペーションを付けるように、日々の生活にアクセントを自ら付けて、刺激を与えるのです。それが、日常のリズムを飽くことなく刻み続けるためのひとつの知恵かもしれません。

心地良いリズムで、日々を刻みたい。

HABIT
習慣

4-21

1

2

© 1980 United Feature Syndicate, Inc.

3

WHEN YOU GO SOME PLACE NICE, YOU SHOULD ALWAYS SHINE YOUR FEET!
SCHULZ

4 どこかいい所へいくときには、
ちゃんと足をみがかなくちゃね！

Vol.49

FASHION
ファッション

靴は、その人を語る。

ピーナッツの仲間たちの中で、最もおしゃれが大好きなスヌーピー。今日もダンディーな帽子をかぶり、靴ならぬ足を磨いて、さっそうと外出します。

おしゃれを締めくくる小道具、と言えば靴。どんなに仕立ての良いスーツを着ていても、どんなにエレガントなドレスをまとっていても、それにふさわしい靴を履いていなければ上質なファッションは完成しないもの。ましてや汚れた靴では、その人の品格さえも疑われかねません。かつて日本の宿屋では履き物で客を見分けたと言われるほど、足元はその人自身を無言で語ってしまうのです。

大切なおしゃれのアイテムであると同時に、私たちの全体重を乗せ、歩くことを支えてくれる靴。自分の足にぴったりな靴は、外出をより楽しく快適にしてくれます。そんなお気に入りの靴を履いて、背筋を伸ばして歩く。足元にこだわるスヌーピーのように、私たちも自分の足元をもう一度、見直しませんか。

6-7-1995

WELL, GO AHEAD AND SHOOT..
WHAT ARE YOU WAITING FOR?

1 さあ、シュートしてごらん…
何を待ってるのよ?

GROWING..

2 背が高くなるのを待ってるんだ…

ルーシーとライナスの弟、リラン。まだバスケットボールも上手に扱えないほど幼い彼は、早く姉や兄のように大きくなって、みんなの仲間に加わりたいと願っています。

子供時代、私たちは身体的にも精神的にも目覚ましく成長します。しかしある年齢に達すると、成長はあまり目に見えないものとなるため、成績が上がったり、給料が増えたり、資格を取得したりすることだけが、成長の証のように思い込みがちです。しかし国の成熟度が経済的数値だけでは表し切れないように、人の成長も社会的尺度だけでは計れません。それは、精神的成長を数値で示すことが不可能だからです。しかもたとえば病いやリストラのように一見マイナスに思えることが、実はその人の人間的成長を促す大きなきっかけとなる可能性も少なくありません。人は人生のなかで、前へ進むだけでなく、立ち止まったり、回り道をしたりするもの。しかし視線を前へ向けている限り、いつまでも成長し続けることができるはずです。

成長は、物差しでは計れない。

BASKETBALL
バスケットボール

5-16-1980

I'M NOT SURE WE'RE HEADED IN THE RIGHT DIRECTION
© 1980 United Feature Syndicate, Inc.

1 正しい方角に向かってるかどうか
おぼつかないな

HOW ABOUT A VOLUNTEER TO GET UP IN A TREE OR SOMETHING, AND TRY TO SEE WHERE WE'RE GOING?
5-16

2 木の上かなんかに登って、
どっちに向かってるか見てみる
志願者は？

HARRIET? OKAY, GET UP AS HIGH AS YOU CAN, AND TELL US WHAT YOU SEE...

3 ハリエット？　じゃできるだけ
高いところへ上って、何が
見えるか教えてくれよ…

ACTUALLY, HARRIET, I WAS HOPING YOU'D GET UP A LITTLE HIGHER THAN THAT..
SCHULZ

4 実はね、ハリエット、
もうちょっと高いところへ
上ってほしかったんだけど…

LOST
迷子

迷子になって、町を楽しむ。

ビーグル犬のスヌーピーが率いる、ビーグル・スカウト。ウッドストックら鳥たちと一緒にハイキングに出掛ける彼ですが、しばしば方向を見失い、迷子になってしまいます。

地下鉄や地下道が網の目のように張り巡らされ、たくさんの道が交錯している都会。そこでは、一度訪れたことのある場所でも、ときに方向を失うことがあります。しかしたとえわからなくなったとしても、私たちは先を急ぐあまり、すぐ人に尋ねたり、表示板を見たりしてしまうものです。

その都会で、あえて迷子の状態を楽しんでみる。迷ったまま、界隈を歩き回ってみるのです。思い掛けない抜け道や昔ながらの路地を発見したり、隠れ家のようなレストランや洒落たブティックを見つけたり、静かな公園や見事な樹木と出会ったりするのは、そんなときではないでしょうか。町で楽しむハイキング。地図も磁石も必要のないハイキングは、都会に生きる人間たちの小さな贅沢です。

2-4-1997

HERE, MARCIE..SHARPEN THIS PENCIL..

1 ほら、マーシー…
この鉛筆削って…

SHARPEN IT YOURSELF! WHO ARE YOU, THE FAIRY PRINCESS?
BOY, YOU SURE ARE CRABBY..

2 自分で削って下さい!
あなた誰さまなの、
お伽(とぎ)の国の王女?

わあ、あんたって怒りんぼね…

WELL, YOU DIDN'T SAY "PLEASE"
2-4

HERE, CRABBY.. PLEASE SHARPEN THIS PENCIL..

3 だって、
「お願いだから」って
言いませんでしたよ

4 ほら、怒りんぼ…
お願いだから
この鉛筆削って…

命令口調でマーシーに物を言うペパーミント パティ。これでは、親友であっても怒るのが当然です。

　ひと言で相手を愉快にも不愉快にもしてしまう言葉。特に初対面の相手や顔が見えない電話では、話し方ひとつで印象が大きく左右されてしまうため、細心の注意が必要です。その言葉づかいの中でも、とりわけ難しいのが敬語。間違えて使っていることを知らないで恥をかいていたり、過剰に使って相手との距離を広げていたりするケースもあります。

　そんな言葉づかいのスキルを上げるには、まず自分が言われたら嫌な言葉や言い回しは使わないこと。声の大きさやトーンに気づかうこと。敬語の適切な使い方をチェックすること。相手の会話だけでなく、顔の表情や声の感じにも注意を向けること。そしてきれいに話す人の語りに、耳を澄ませてみること。知性や個性がおのずと現れる言葉づかい。ときには、意識してブラッシュアップする機会を持ちたいものです。

耳を澄まして、学びたい。

PLEASE
お願い

8-7
I'M GOING INTO TOWN FOR AWHILE

1　ちょっと町へ出てくるぜ

DON'T WORRY.. I'LL BE BACK BEFORE DARK..

2　心配するなよ…
暗くなるまでに帰るよ…

IT'S NICE TO HAVE SOMEONE MISS YOU WHEN YOU'RE GONE
© 1987 United Feature Syndicate, Inc.

3　出かける時、
誰かがさびしがって
くれるっていうのは、いいもんだね

WHEN I LOOK BACK, I CAN SEE HIM STILL WAVING..
SCHULZ

4　ふり返ると、
まだ手をふってくれてるのが
見えるよ…

Vol.53

TRAVEL
旅

素顔に触れる旅。

砂漠にたったひとりで暮らすスヌーピーの兄弟、スパイク。いつものようにサボテンに声を掛け、町へと出掛けていきます。日常を離れる旅は、日々の生活にアクセントを付け、気持ちをリフレッシュさせてくれるもの。しかし私たちはせっかく貴重な時間とお金を費やすと思うあまり、つい旅行中は急ぎ足で観光スポットや見どころを回ったりしがちです。そんなスケジュールからひととき解き放たれ、地元の人たちのように、カフェでお茶を飲んだり、市場で買い出しをしたり、公園でひと休みしたり、映画を見たり、昼寝をしたりする。知らない町で、自分にとって日常的なことをして過ごすのです。そのとき、訪れた土地にもそこで生まれ、暮らし、笑ったり泣いたりしているたくさんの人々がいることに初めて気付くのでしょう。

旅から帰り、本当の日常の中で思い出すこと。それは、美しい風景やアートではなく、そんな時間に偶然触れ合った人々のことかもしれません。

IT'S NICE TO HAVE SOMEONE MISS YOU
WHEN YOU'RE GONE

出かける時、
誰かがさびしがってくれるっていうのは、
いいもんだね

8-7-1987

1

2

7-5 © 1981 United Feature Syndicate, Inc.

3

4

HOW DO YOU GET EVEN WITH AN OCEAN ?
SCHULZ

5 海に仕返しするには
どうしたらいいの？

Vol.54

SAND CASTLE
砂の城

心の中に、保存したい。

海辺でサリーが作った砂の城。一生懸命に作ったのに、波にさらわれてしまいます。砂の城ばかりでなく、雪ダルマや泥ダンゴ、積み木、そして曇りガラスや道ばたに描く落書きなど、私たちは子供の頃、いつの間にか消えてしまうものを作ったり描いたりしてきました。それは完成品を得ることよりも、あれこれと工夫し仕上げるまでのプロセスが何より楽しく、好きだったからでしょう。

あらゆる物事に、結果が求められるおとなの社会。そこでは、作るプロセスよりもむしろ出来上がりの良し悪しを私たちは問題とします。そして完成品をデータに変えてでも、保存しようと試みます。しかし旅先で撮った写真が、どこかその時の素晴らしさを表し切れないと感じるように、自分だけの感動や思い、一瞬の美しさは形として保存できないのではないでしょうか。

形はなくなっても、心の中に残るもの。大切にしたいのは、ひとりひとりが心に記録しているすてきな思い出のようです。

PEANUTS
SNIF!
?

1　クスン!

EXCUSE ME, BUT I COULDN'T HELP OVERHEARING YOU CRYING.. WHAT'S THE MATTER?

2　わるいけどキミの泣いてるの
聞いちゃったんだ…どうしたの?

I DON'T KNOW... I GUESS I'M JUST LONESOME..
Tm. Reg. U.S. Pat. Off.—All rights reserved
© 1965 by United Feature Syndicate, Inc.

3　わかんない…
ただきびしいだけなんだろ…

FRIEND!!
6-11
SCHULZ

4　友だちだ!

Vol.55

夏になると、しばしばサマーキャンプに参加するチャーリー・ブラウン。見知らぬ子供たちとの生活の中で、さまざまな体験をします。

おとなにとっても、海外でのひとり旅やホームステイはもちろん、初対面の人が集まるセミナーやパーティーなどに参加するときは、緊張するものです。それは、肩書やこれまでの実績が通用せず、習慣やときには言葉も異なる場で、自分のことを相手に伝えられるのか、仲間として受け入れてもらえるのかと、不安な気持ちを抱くからでしょう。しかし、キャンプ生活を終えた子供たちがひと回り逞《たくま》しくなって帰ってくるように、おとなたちも限られた時間の中で新しい人たちと知り合い、充実した時間を過ごすことは、大きな自信や達成感へとつながります。そして、自分の可能性を広げることの楽しさに気づくのです。

自らを成長させる未知の体験。私たちも億劫《おっくう》な気持ちを脱ぎ捨てて、ときには小さな冒険へと出かけませんか。

勇気を出せば、成長できる。

SUMMER CAMP
サマーキャンプ

7-28-1990

AND THEN, LINUS, I GOT SO NERVOUS TRYING TO TELL HER MY NAME, I SAID IT WAS "BROWNIE CHARLES"...

1 それでね、ライナス、名前を
言おうとしてアガっちゃって、
“ブラウニー・チャールズ”って
言っちゃったんだ…

HA HA HA HA HA!! CHARLIE BROWN, YOU ARE REALLY SOMETHING!
7-28

2 ハ ハ ハ ハ!!
君ってほんとにケッサクだな、
チャーリー・ブラウン!

NOW SHE CALLS ME "BROWNIE CHARLES" ALL THE TIME... BUT YOU KNOW WHAT?

3 今は彼女ぼくをずっと
“ブラウニー・チャールズ”って
呼んでる…でもね、
分かるかな?

I KIND OF LIKE IT..
SCHULZ

4 ぼくそれが
気にいってるんだ…

Vol.56

サマーキャンプで、ペギー・ジーンと出会ったチャーリー・ブラウン。緊張した彼は、思わずブラウニー・チャールズと名乗ってしまいます。

私たちは誰かと初めて出会ったとき、まず自分の名前を言います。どんな人間関係も、最初は相手の名前を知ることから始まるのです。そしてそれは、人と人との関係だけではなく、たとえばペットを飼うときも人はまず名前を付けます。また、お気に入りのモノに自分だけの呼び名を付ける人もいますし、職場の作業道具を親しみを込めて愛称で呼ぶこともあります。

名前は、その対象がひとつしかない固有のものである証。ペットでもモノでもそれが自分にとって独自なものであるからこそ、人は名前を付けて他と区別し、大切にしようとするのでしょう。ひとりひとり、ひとつひとつに付けられた様々な名前。私たちはその名を呼ぶことで、人やモノとの距離を縮めているのかもしれません。

名前から、愛が生まれる。

NAME
名前

RERUN, IT'S TIME FOR SCHOOL! WHERE ARE YOU?
9-3

1 リラン、幼稚園に行く時間よ!
どこにいるの?

I'M NOT GOING! I'M HIDING UNDER MY BED..

2 ぼく行かないよ!
ベッドの下に隠れてるんだ…

YOU'D BETTER COME OUT..WHAT'S DAD GONNA SAY?

3 出て来たほうがいいわよ…
パパがなんと言うと思う?

HE UNDERSTANDS.. HE SAID WHEN HE WAS LITTLE, HE HID UNDER THE BED FOR THREE DAYS..
SCHULZ

4 分かってくれるよ…小さいころ
ベッドの下に3日間隠れてたことが
あるって言ったもの…

UNDER THE BED
ベッドの下

ずる休みは、ずるくない!?

幼稚園へ行く朝、ベッドの下に隠れてしまったリラン。姉のルーシーが説得しても、どうしてもそこから出てきません。

子供ばかりでなく、おとなであっても、どこへも出掛けず、誰とも会いたくないときがあるもの。しかし仕事や家庭を持つおとなたちが自分のわがままを通すことは、なかなか許されないのが現実です。しかも携帯電話が発達したいまは、どこにいても、何をしていても電話が追い掛けてくるという状況の人も多いのではないでしょうか。

そんなとき、周りに迷惑を掛けない小さなずる休みや息抜きをする。子供たちが保健室でひとときを過ごすように、馴染みのティールームや近くの公園、クルマの中で自分だけの時間を持つ。仕事と称して、街をそぞろ歩く。リランがベッドの下に隠れたように、仕事や家庭からひととき逃れ、心を休める。そんな時間が、再び歩み始めるためのエネルギーをしっかり充電してくれるようです。

I DON'T WANT TO PLAY FOOTBALL, SIR..IT'S NOT FEMININE ENOUGH!

1 私フットボールやりたく
ありません、先輩…
女らしくないんですもの!

NOT FEMININE ENOUGH?!!
© 1986 United Feature Syndicate, Inc.

2 女らしくない?!!

WHAT DO YOU WANT TO DO, TIE A RIBBON AROUND THE BALL OR SOMETHING?
10-15

3 どうしたいって言うの、
ボールにリボンでも
結ぼうっての?

LOOKS CUTE, DOESN'T IT?
SCHULZ

4 かわいくありません?

FEMININE
フェミニン

女らしさは、百人百様!?

フットボールや野球などのスポーツで、男の子顔負けの活躍をするペパーミント パティ。親友のマーシーは、そんなペパーミント パティを尊敬しつつも、自分はもっと女の子らしくありたいと思っているようです。

かつて、女性は女性らしくあることが求められてきました。しかし女性たちがサッカーやボクシングなど激しいスポーツを楽しんだり、男性だけの職場に進出したりすることが当たり前となった現代。女性と男性との垣根は以前よりも格段に低くなり、女性らしさに対するアプローチも変化しているようです。「仕事はきちんとやりつつも、女性らしい細やかさは失いたくない」「女性ならではの特性や持ち味を大切にしたい」「女らしくではなく、私らしくあればいい」「女性というより、むしろ人間として尊敬されたい」。考え方は人それぞれですが、女性としてでも人としてでも、自分の内面を磨いていきたいという気持ちさえあれば、現代の女性たちはさらに素敵になれるのです。

THERE'S THE HOUSE WHERE THE LITTLE RED-HAIRED GIRL LIVES..

1 あれが例の
赤毛の子の
うちだ…

WHEN SHE COMES OUT, I'LL SAY, "GOOD MORNING"

2 出てきたら
「おはよう」って
言おう

THEN SHE'LL SAY, "WHY ARE YOU STANDING HERE IN THE RAIN?"
11-5

3 すると「なんで雨の中に
立ってるの？」って
訊くだろう

THEN I'LL SAY, "OH, IS IT RAINING?"

4 そしたら
ぼくは言う
「え、雨が降ってる？」

THEN SHE'LL SAY, "BOY, ARE YOU EVER STUPID!"

5 すると彼女は言う
「あんたって
ほんとにバカね！」

DANCING IN THE RAIN IS ROMANTIC.. STANDING IN THE RAIN BEHIND A TREE ISN'T ROMANTIC..
SCHULZ

6 雨に踊るのは
ロマンティックだけど…
雨の中で木の後ろに
立ってるのは
ロマンティックじゃないな…

Vol.59

雨の中、大好きな赤毛の女の子を待つチャーリー・ブラウン。クラスメートなのに、気持ちを伝えるどころか、話し掛けることすらできません。

片思いをしているとき、私たちは好きな人の何気ない仕草に舞い上がったり、ほんのひと言で絶望的な気分になったり、誰かに先に奪われないかと不安になったりするもの。そのため、すぐにも告白し、不安定な状態から抜け出したい衝動に駆られがちです。しかし片思いをしている人は、ファッションや身だしなみを気づかったり、相手が興味ある分野を学んだり、愛について思索したり、自分を外見的にも内面的にも磨くもの。相手への思いが、人を自然と素敵にするのです。

しかもいずれ破局したり、ハッピーエンドを迎えたりという恋愛と異なり、片思いなら一方的に思い続けることもできます。いつまでもそんな片思いをしているチャーリー・ブラウン。彼にとって、赤毛の女の子は永遠の憧れの的なのでしょう。

片思いが、人をきれいにする。

UNREQUITED LOVE
報われぬ愛

7-16-1998

1

2

MUSIC
音楽

音楽を奏でるリボン。

シュローダーが弾くベートーベンの名曲の音符を拾い集め、たき火にかざすスヌーピー。その様子は、まるでマシュマロ焼きをしているようです。

人々の心を打つ音楽。音楽はもともと共同作業のときの掛け声として生まれたとか、集団の中で合図などの情報を伝えるためだったとか、怒りや苦悩、喜びなど人々の感情を伝えようとして発展したとか、様々な起源が言われています。いずれにしても、音楽は人に何かを伝えるために誕生したもの。だからこそ言葉の通じない海外でも、気持ちや感情を表現できます。

しかしもしも、その音楽の分野にいまのような楽譜が存在しなかったら、メロディーは人から人へと直接伝わるしかなく、シュローダーがベートーベンの曲を演奏することも叶わなかったかもしれません。国を超え、時代も超えて、素晴らしい音楽を受け継いでいる私たち。それを可能にしてくれた五線譜は、音楽を愛する世界中の人々をつなぐ美しいリボンです。

I NOW HAVE THREE PHILOSOPHIES..."LIFE GOES ON," "WHO CARES?" AND "HOW SHOULD I KNOW?"
8-3

1 今や哲学が三つになったわ
“人生は続く”“関係ないでしょ？”
それに“知るはずないでしょ？”

PRETTY PROFOUND, HUH?
MAYBE A LITTLE TOO PROFOUND..

2 すごく深いわよね？

ちょっと深過ぎるかも…

WHO CARES? HOW SHOULD I KNOW? LIFE GOES ON!
SCHULZ

3 関係ないでしょ？
知るはずないでしょ？
人生は続く！

Vol.61

わからない問題に直面したときや少し困ったとき、「関係ないでしょ」「知るはずないでしょ」と、不思議な言葉〝哲学〟をつぶやくサリー。それは彼女にとって、自分自身を守るためのおまじないのようなものかもしれません。

学校でも社会でも、様々なプレッシャーを受ける現代。ときにはそのプレッシャーが大きなストレスに変わり、心が悲鳴を上げることがあります。そんなとき、サリーのように自分だけのおまじないで心をガードする。たとえばトラブルに直面したとき、「大丈夫、大丈夫」と自分に言い聞かせ、気持ちを落ち着かせる。予定していた仕事や役割を消化できずにいるときは、「明日があるさ」と声に出し、ストレスとして溜め込まない。人間関係がもつれてしまったときも、「時が解決」とつぶやき、考え過ぎない。繰り返し、何度も声に出すことで自分自身をその気にさせる言葉の不思議なパワー。そのちからを活かした呪文は、人生を前向きに歩んでいくためのささやかな知恵なのです。

自分だけの呪文で、身を守る。

PHILOSOPHY
哲学

2-27
WHEN YOU'RE A PUPPY, ONE OF THE FIRST THINGS THEY TEACH YOU IS TO "SHAKE HANDS"

1 子犬のとき、最初に教わる
ことのひとつは「お手」だ

THEN YOU KNOW WHAT MOM ALWAYS SAID?

2 で、ママがいつもなんて
言ったか知ってるかい?

MAKE SURE YOU WASH YOUR PAWS AFTERWARD..
SCHULZ

3 あとでちゃんと
お手を洗うこと…

Vol.62

子犬の頃、「お手」をさせられた後には、必ず手を洗うようにママに言われたと話すスヌーピー。犬の世界にも、もしかすると私たちが知らない独自のマナーがあるのかもしれません。

マナーは、国や民族、宗教、土地柄、そして時代などにより異なります。食事の際のマナーひとつとっても、中国では料理を食べ残すことがもてなされた側のマナーのひとつだったり、韓国では目上の人が箸を取るまで他の人は待っているのが礼儀だったり、かつてのヨーロッパでは食後ナプキンをきちんと畳んで席を立つと食事のもてなしが悪かったという意思を表すことになったり、実に様々。マナーはその土地の文化や伝統と深く結び付いて育まれ、人々が共に快適に暮らすための一種のルールとなっているのです。

グローバリゼーションがさらに進み、世界各地の特徴が薄れ、均質化しつつある現代。私たちはその地にいまも残るマナーを通し、独自の文化や伝統を肌で感じることができるのでしょう。

それぞれ違うから、面白い。

MANNER
マナー

3-27-1984

THIS IS A HARD TEST, ISN'T IT, SIR?

1 むずかしいテストですね、
どうですか？

YOU HAVE TO USE A SYSTEM, MARCIE
3-27

2 システムを利用しなきゃ、
マーシー

I RUN THROUGH THE WHOLE TEST, AND SKIP THE QUESTIONS I DON'T KNOW AND ANSWER THE ONES I KNOW...

3 テストを終わりまでざっと見て、
わからない問題はとばして
わかるやつだけ答えるの…

JUST WHAT I NEED.. A BLANK PAGE!
SCHULZ
© 1984 United Feature Syndicate,Inc.

4 私にぴったしね…
うつろな白紙！

点数だけでは、わからない。

TEST
テスト

テストにはやり方がある、とマーシーに話すペパーミントパティ。今回は残念ながら、その方法も無駄なようです。

子供にとっても、おとなにとっても、嫌なテスト。テストは、入試のように多くの受験生をスピーディーにかつ客観的に判断するとき便利なもの。同様に、自分がその分野でどのくらいのレベルに達しているかを知り、次の努力目標を設定するためにも役に立ちます。しかしたとえば、テストの成績が抜群な人と成績は良くなくとも旺盛な行動力を持つ人とでは、どちらが社会でより活躍できるかはわからないように、人間は本来、テストの結果だけでは評価できないもの。むしろ成績ばかり追い掛けていた人が、意外なほど退屈なおとなとなってしまうことも少なくありません。

だからこそ、テストの点数では人を判断しない。あくまでも、点数は自分自身のための尺度に使う。そういう人こそ、様々なタイプの人間たちと面白い交友関係が築けるのでしょう。

1-9-1999

I WILL ADMIT, HOWEVER,
THAT THERE'S A GOOD FEELING
TO BE HAD FROM SHARING...

しかし、分かち合うことのよさってものもあるのを
ぼくは認めたいね…

HELLO? THIS IS MARCIE AGAIN..MAY I SPEAK TO CHARLES?

1 もしもし？　マーシーです…
チャールズいる？

HE ISN'T HERE..HE HAD TO TAKE HIS DOG TO THE VEGETARIAN...

2 留守よ…
犬を菜食主義者(ベジタリアン)に
連れてったわ…

VETERINARIAN

3 獣医(ベテリナリアン)でしょ

7-29
WHATEVER
© 1987 United Feature Syndicate, Inc.
SCHULZ

4 何はともあれ

サリーをはじめ、ピーナッツの仲間たちがしばしば使う「何はともあれ」。勘違いや言い間違いを指摘されたときや、他の話題に転換したいときなど、切り札のように使える便利な言葉です。

私たちは子供の頃、多くの言葉を学校で学ぶだけでなく、日常的に話し、使うことでいつの間にか自分のものにしてきました。そしてときには難しい言葉を使ってみたり、覚えたばかりの知識を披露してみたり、少し背伸びをしたこともあったのではないでしょうか。そんな語学習得術は、おとなが未知の外国語を学ぶときも同じこと。読み書きだけでなく、実際に話すことで身に付ける。新しい単語に出会ったら、まずは口に出してみる。興味が芽生えた話題を、とにかく話してみる。そしてもしも使い方が違っていると指摘されたら、二度と同じミスはしないように心掛ければいいのです。ピーナッツの仲間たちのように、間違えを恐れずどんどん話すこと。それが、語学の達人になる近道です。

間違えたって、かまわない。

WHATEVER
何はともあれ

1-9-1999

1-9-99
I SHOULD CHARGE YOU RENT FOR SHARING THIS BLANKET..
DOGS DON'T PAY RENT..DOGS GUARD THE HOUSE

1　君と分かち合ってる
この毛布の使用料を
請求しなきゃね…

犬は使用料なんか払わない…
犬は家を守るのさ

I WILL ADMIT, HOWEVER, THAT THERE'S A GOOD FEELING TO BE HAD FROM SHARING..
AND A GOOD FEELING THAT COMES FROM KNOWING YOU'RE GUARDING THE HOUSE..
WOOF!
SCHULZ

2　しかし、分かち合うことの
よさってものもあるのを
ぼくは認めたいね…

家を守ることの
よさもあるさ…

ウーワン!

SHARING
分かち合い

シェアするって、温かい。

ライナスの安心毛布の一部を借りて、居眠りをするスヌーピー。分かち合うことの良さを語るライナスに対し、スヌーピーはまるで違う理屈を考えているようです。

私たちはたとえば通学や通勤などで乗り合わせる混雑した電車の中で、まるで無表情なロボットのように自分が獲得したスペース、テリトリーを守ろうとしがちです。そしてそれを侵す人がいるとイライラしたり、思わずカッとなったりしてしまうこともあります。そんなとき、さりげなく自分のことを気づかってもらったり、誰かのために席を譲ったりする人を見ると、それまでのささくれだった心もふと和むようです。

電車の中と同様、限りあるスペースや物を多くの人たちとシェアしている私たちの社会。たとえ見ず知らずの他人とでも、互いを気づかい、分かち合う。この社会に暮らす限り、私たちは人に対する自然な思いやりを決して失ってはならないのです。

I THINK OUR TEACHER IS IN LOVE..
I WAS AFRAID OF THAT...
© 1989 United Feature Syndicate, Inc.

1 先生は恋してると思うな…

そうじゃないかと
恐れてたんだ…

I'VE ALWAYS HOPED THAT SHE'D WAIT UNTIL I GREW UP, AND THEN MARRY ME..
3-21

2 ぼくが大きくなるまで待って、
結婚してほしいとずっと思ってた…

HOW WOULD YOU SUPPORT HER?
WE COULD LIVE OFF HER RETIREMENT PAY

3 どうやって食べさせるの？

先生の恩給でやってけるさ

大きくなったら、担任の先生と結婚したかったのだと話すライナス。彼にとって、結婚はまだ遠い憧れです。

愛する人と、多くの時間や様々な体験を共有する結婚。幸せな結婚生活は、人生を楽しく、より豊かにしてくれます。しかし生涯シングルで過ごしたり、結婚という形にこだわらずパートナーとして一緒に暮らしたり、結婚していても別々に住んだり、いくつもの選択肢がある現代は、結婚に対するこれまでの常識が変化している時代。結婚する年齢ひとつとっても、何歳位がちょうどいいとはなかなか言えないようです。

この人と一緒に、新しい生活を始めたい。生涯を通して、共に歩んでいきたい。自分たちなりの人生を築いていきたい。そう思える誰かと幸運にも出会い、自然に結婚という形をイメージし始める。何歳であっても、決して若くなくとも、そのときがその人の結婚適齢期なのではないでしょうか。

結婚適齢期は、人によって違う。

MARRIAGE
結婚

GOOD MORNING, CRABBY..

1 お早う、怒りんぼ…

YOU WANT CRABBY? HERE'S CRABBY!

2 怒りんぼが
いいの？
これが
怒りんぼですよ！

AAUGH!!
2-7

3 ギャアア!!

4

THAT WAS FUN
YOU'RE CRABBILY WEIRD, MARCIE..
SCHULZ

5 楽しかったわ

あんたは
怒りんぼ変人よ、
マーシー…

学校でいつも一緒のペパーミント パティとマーシー。きょうは朝から、ケンカ・モード。思わず、取っ組み合いになってしまいます。

私たちは子供時代、友達や兄弟とよくケンカをしたもの。そしてそのケンカを通し、他の人との違いや主張の仕方、取っ組み合いになったときの力の入れ具合、やられたときの痛み、負けたときの悔しさ、仲直りの仕方など、様々なことを学びました。

おとなになっても、夫婦や家族、恋人、友人、職場の仲間など一緒に過ごす時間が長い相手とは、ときに言い争いになるのが当たり前。ケンカは、いわばお互いの関係を大切にしているからこそするもの。これからも一緒に過ごし、共同で何かを育んでいきたいから、率直に意見をぶつけ合う。不平や不満を心に溜め込みたくないから、問題点をクリアにし、改善を計る。そんなケンカができる相手は、本当は自分にとって掛け替えのない人なのではないでしょうか。

ケンカができる仲になる。

CRABBY
怒りんぼ

I'VE BEEN HAVING THE STRANGEST DREAMS LATELY..I'M PLAYING THE PIANO, AND ALL THE NOTES KEEP SORT OF FALLING AWAY...

1 近ごろすごく妙な夢を見るんだ…
ピアノ弾いてると、音符がみんな
ポロポロ落っこちる…

SNOOPY IS THERE, TOO, AND...
MAYBE YOU SHOULD TRY TO DREAM ABOUT ME...
© 1989 United Feature Syndicate, Inc.
10-14

2 スヌーピーもいて、
それから…

私の夢を見ようと
すればいいのに…

THESE ARE DREAMS, NOT NIGHTMARES..
SCHULZ

3 夢の話だよ、悪夢じゃない…

Vol.68

DREAM
夢

自分だけのストーリーを楽しむ夜。

最近、奇妙な夢ばかり見ると、ルーシーに話すシュローダー。私たちも彼のように、不思議な夢を見ると思わず誰かに話したくなるものです。

人生の約三分の一を占める睡眠。私たちは眠っている間に、いくつもの夢を見ています。夢の中では、懐かしい友人と再会したり、憧れのスターとデートしたり、自分がまるで違う人間に変身したり、大きな怪物と戦ったり、空を飛んだりと、思ってもみないストーリーが展開。眠っている間のもうひとりの自分が無意識に作るドラマは、実に奇想天外でクリエイティブです。

そんな夢をもっと楽しむ。今晩はどんな夢が見られるかな、と楽しみにして眠りに就く。そして不思議な夢を見たら、誰かに話をしたり、メモを取っておく。そのように夢を意識し始めると、内容を覚えていることも自然と多くなります。毎晩、誰もが必ず見る夢。それを自分が作る映画のように楽しめたら、面白いと思いませんか。

5-10-1999

WHAT'S THIS?
I'M DOING A REPORT ON GRAMPA..

1 それ何？

おじいちゃんについての
リポート書いてるの…

THAT'S NICE..DOES IT HAVE A TITLE?

2 そりゃいいね…題はあるの？

"WONDERS OF THE ANCIENT WORLD"
5-10
SCHULZ

3「古代世界の不思議」

Vol.69

GRANDPARENTS
祖父母

父や母が、自分と同じだった頃。

チャーリー・ブラウンやサリーとは、別の場所に住んでいる彼らの祖父母。サリーにとって、そんな祖父や祖母は理解を超えた存在のようです。

祖父母は、自分の父または母を育てた人。それだけに、誰よりも彼らのことをよく知っている人間です。そんな祖父や祖母に、父または母のことを聞いてみる。たとえば父親は一体どんな男の子だったのか。どんなことでよく叱り、小言を言ったのか。母親は結婚する前、どんな人に憧れていたのか。自分がいまよく注意される服装や言葉づかいは、どうだったのか。彼らが自分と同じ年齢だった頃のことを特に聞いてみるのです。本人に直接尋ねたのでは言わなかったり、脚色したりしてしまう出来事も、祖父母なら笑って話をしてくれるかもしれません。

祖父母と孫とをつなぐ、親という共通の話題。そこから、父や母をこれまでと違う視点で見ることができ、さらには祖父や祖母との溝も埋まるきっかけができると思いませんか。

12-16-1996

12-16
HAPPY BEETHOVEN'S BIRTHDAY!

1 ベートーベンの誕生日
おめでとう!

ACCORDING TO TRADITION, TODAY IS THE DAY WHEN BOYS GIVE EXPENSIVE PRESENTS TO GIRLS..

2 今日は男の子が女の子に
高価なプレゼントを
贈る伝統がある日よ…

TRADITION?
LUCY TRADITION!
SCHULZ

3 伝統?

ルーシーの伝統!

12月16日は、偉大なる作曲家ベートーベンの誕生日。そのベートーベンを尊敬してやまないシュローダーは、毎年、この日になるとお祝いをします。

誕生日は、お正月やクリスマスとも異なる自分だけの記念日。それだけに、おとなになりバースディパーティーをしなくなっても、心のなかでは特別な日だと思っている人も多いようです。そんな自分の誕生日に、家族や友人、仕事仲間から、「お誕生日、おめでとう」と声を掛けられる。思い掛けない人からカードや電話、Eメールなどでお祝いの言葉が送られてくる。それは、ほとんど慣習となってしまった年賀状よりも、どんなに高価なプレゼントをもらうよりも、嬉しいことではないでしょうか。

誰かが、自分のことを気に掛けてくれる。そして、その誕生日まで覚えていてくれる。私たちを温かな気分にしてくれる、小さな心づかい。シュローダーに必ず誕生日を祝ってもらっているベートーベンも、きっと微笑んでいるに違いありません。

覚えていてくれる、幸せ。

BIRTHDAY
誕生日

10-14-1989

MAYBE YOU SHOULD TRY TO DREAM ABOUT ME...

私の夢を見ようとすればいいのに…

1-10-1998

ANYBODY HOME?
1-10-98

1 誰かいるかい？

2

THAT'S A GOOD IDEA... WHEN IT'S COLD, STAY IN YOUR IGLOO, AND BAKE CHOCOLATE CHIP COOKIES..
SCHULZ

3 いい考えだね…
寒い日には
イグルーから出ずに、
チョコチップクッキーを焼く…

NEST
巣

帰るところがあるから、羽ばたける。

スヌーピーの大親友、ウッドストック。渡り鳥なのに、南へ渡るのをしばしばやめてしまう不思議な鳥です。そんな彼は、寒い冬、自分の巣を温かく快適にする工夫をしています。

私たち人間にとっての巣とは、自分自身に戻り、心からホッとできるところ。守られているという空気感があるところではないでしょうか。それだけに、いま住んでいる家だけでなく、自分が育った実家や限りない愛情を注いでくれる母親の存在が巣のようなものだと感じる人もいるでしょう。また親しい人々が住み、様々な思い出を重ねた故郷の町が、温かな巣のイメージだと思う人もいるかもしれません。さらに海外にいるときは、祖国そのものが自分の巣のように思えることもあるでしょう。

その人にとっての巣がどこであれ、自分を温かく迎えてくれる人や家、場所がある。糸が切れた凧ではなく、いつでもそこへ帰れるという思いがある。だからこそ、私たちは安心して自由に外を飛び回っていられるのでしょう。

12-3-1991

IS IT PROPER TO SEND YOUR TEACHER A CHRISTMAS CARD?
SURE.. WHY NOT?
© 1991 United Feature Syndicate, Inc.

1　先生にクリスマス・カード
出してもいいものかしら？

もちろんさ…出せば？

12-3
WHERE DO I SEND IT?
TO HER HOME

2　どこへ送ればいいの？

先生のうち

TEACHERS HAVE HOMES?

3　先生にもうちがあるの？

Vol.72

TEACHER
先生

いい先生は、いい上司になる!?

先生へのクリスマス・カードは彼女の自宅に送ればいいと聞き、驚くサリー。子供の頃、学校から離れた先生のプライベートな一面に触れるとなぜか不思議な気分になったものです。

先生は、子供たちに大きな影響を与える存在。いい先生との出会いは、その人の人生をも左右しかねません。特にほとんどの教科を教え、同じ子供たちに接する時間が長い小学校の担任教師は、学問的な知識はもとより、その人間性がより重要なようです。たとえば、ひとりひとりの個性を見極め、それを伸ばす姿勢を持つこと。自分の感情をコントロールし、むやみに怒らないこと。初心を忘れず、情熱を持って仕事に取り組むこと。強い指導力で、クラスを導くこと。さらには自分自身、人間としても磨きをかけ続けること。

そんな本来、求められる先生としての姿。それは学校の教師だけでなく、会社の上司や社会のリーダーなど、リーダーシップを取る立場のあらゆる人間たちに必要な資質のようです。

YES, MA'AM.. I SOLD MY WHOLE COLLECTION OF COMIC BOOKS..SEE? HERE'S THE MONEY! NOW, I CAN BUY THOSE GLOVES FOR THAT GIRL I LIKE...

BROWNIE CHARLES!
PEGGY JEAN! WHAT ARE YOU DOING HERE?
12-12-97

1 はい…集めてたマンガ本
全部売りました…ほらね？
お金ができたんです！
これで好きな子に
その手袋が買えます…

2 ブラウニー・チャールズ！

ペギー・ジーン！
ここで何してるの？

I'VE BEEN SHOPPING WITH MY MOTHER.. LOOK, I JUST BOUGHT THIS NEW PAIR OF GLOVES!
SCHULZ

3 ママとお買い物よ…見て、
新しい手袋買ったとこ！

Vol.73

ペギー・ジーンのきれいな手を見て、手袋をプレゼントしたいと思ったチャーリー・ブラウン。集めていたマンガ本をすべて売り払い、何とか手袋を手に入れますが、残念ながら彼女に渡すことはできませんでした。

「好きです」「ありがとう」「おめでとう」……。言葉では伝え切れない気持ちを形にしたいプレゼント。相手が本当に喜んでくれるものを選ぼうとすると、思い悩んでしまうものです。しかもプレゼント選びでは、日頃から相手の好みや欲しがっているものなどを気に留めていることが肝心。「この色が好きなことを知っていたんだ」「あのとき、いいな、と言ったのを覚えてくれていたのね」。そんな風に思ってもらえるプレゼントなら、たとえ金額的にはささやかなものでも必ず心に残ります。

家族や恋人、友人など、大切な人に贈るプレゼント。日常の中で積み重ねたその人への思いや気づかいが、結局は形となって表れるのでしょう。

プレゼントは、一夜漬けでは選べない。

PRESENT
贈り物

11-30-1972

PEANUTS
Tm. Reg. U.S. Pat. Off.—All rights reserved
© 1972 by United Feature Syndicate, Inc.
English Theme
"The True Meaning of Christmas."
11-30

1 作文
“クリスマスの真の意味”

To me, Christmas is the joy of getting.

2 私にとって クリスマスは
もらうことの喜びです

YOU MEAN 'GIVING'... CHRISTMAS IS THE JOY OF GIVING....

3 “あたえること”だろ…
クリスマスは
あたえることの喜びだよ…

I DON'T HAVE THE SLIGHTEST IDEA WHAT YOU'RE TALKING ABOUT!
SCHULZ

4 お兄ちゃんが何の話をしてるのか
ぜんぜんわかんないわ!

Vol.74

たくさんのプレゼントが届くクリスマス。それは、サリーにとって、一年で一番楽しみな日です。クリスマスとは、もともとイエス・キリストの誕生を祝う日。しかし、いまや宗教的な意味を超えて、世界中の人々に愛され親しまれるようになりました。

クリスマスが近づくと、子供ばかりでなく、おとなたちもなぜか心が弾み、幸せな気分になるもの。見知らぬ人に思わず手を差し伸べたり、しばらく会わない故郷の家族へ電話をしたり、ささいなことで交友が途絶えていた友人にカードを送ったり、思い切って好きな人に愛を告白したり……。そんなことができるのも、クリスマス特有の何かが私たちの心に働くからでしょう。

人と人とを結びつける、不思議な力。その魔法に包まれて、思いやりや安らぎ、愛といった人間にとって忘れてはならないスピリットが、自然と形になって現れる。クリスマスは、そんなすてきな日と言えるのです。

魔法が、ハートを温める。

CHRISTMAS
クリスマス

What I did on my Christmas Vacation. I went outside and looked at the clouds.

1 クリスマス休みにしたこと、
私は外へ出て雲を眺めました

They formed beautiful patterns with beautiful colors. I looked at them every morning and every evening.

2 きれいな色ときれいな形、
毎朝毎晩眺めました

Which is all I did on my Christmas Vacation.
© 1984 United Feature Syndicate,Inc.
12-28

3 クリスマス休みにしたことは
それだけです

And what's wrong with that?
SCHULZ

4 それのどこがわるいっての?

Which is all I did on my Christmas Vacation.

CLOUD
雲

空っぽ、になる日。

空に浮かぶ雲を眺めて、クリスマスの休みを過ごしたペパーミント パティ。この作文で、見事にコンテストの賞に輝きます。

雲は刻々と姿を変え、無限に形を作っていくもの。その形を見て、様々なものを想像するのは昔も今も、どこの国でも同じ。なかでも、私たち日本人はそこから雲にユニークな愛称を付けてきました。お坊さんの頭のように丸く盛り上がった積乱雲に入道雲、真っ青な空の牧場に白い羊たちが群れているような羊雲、イワシの群れのように見える鰯雲、サバの背の斑点を思わせる鯖雲……。姿や形ばかりでなく、その魚の収穫時期に合わせた絶妙なネーミングで季節感をも盛り込んできたのです。

ひとり電車に乗っている時間でさえ、携帯電話でメールのやり取りをしたり、雑誌をめくったりしている私たち。ときには情報入手のあらゆるスイッチをオフにして、ぼんやりと雲の流れを眺める。そんなペパーミント パティのような過ごし方から、思い掛けないアイデアが生まれるかもしれません。

5-11-1992

It was a dark and stormy night.
5-11

1 暗い嵐の夜だった。

NO WONDER YOUR STORIES NEVER SELL...THEY ALL BEGIN THE SAME WAY..

2 あなたの小説が一度も
売れないのも無理ないわ…
いつも書き出しが同じなんだもの…

It was a dark and stormy noon.
SCHULZ

3 暗い嵐の昼だった。

TYPEWRITER
タイプライター

どんなに進化しても、変わらないもの。

「暗い嵐の夜だった」という書き出しで始まる小説を、タイプライターを使って何度も書いているスヌーピー。出版社にたびたび作品を送りますが、いつも不採用で終わってしまいます。

いま私たちは、パソコンやワープロという便利なツールを手にしています。保存や変更がきかないタイプライターと異なり、パソコンやワープロなら画面上で簡単に挿入や削除ができ、消去もできるもの。そのため、かつてのように肩にちからを入れることなく、誰もが自分の気持ちやメッセージを気軽に書くことができるようになりました。そしてまるでおしゃべりを楽しむように、ネット上で誰かと文章を交換することも日常的なこととなっています。

しかしそんな時代にも、旧式のタイプライターを使って、ひと言ひと言、吟味しながら書いているスヌーピー。時代が変わっても、道具が違っても、いい文章を書く難しさや書き上げたときの喜びは同じだと伝えているのかもしれません。

SO IF I'M GOING TO BE HONEST, I THINK I SHOULD WRITE TO PEGGY JEAN, AND TELL HER HOW I'M STILL FASCINATED BY THE LITTLE RED HAIRED GIRL...
© 1991 United Feature Syndicate, Inc.

1 で、もし正直にするなら、
ペギー・ジーンに手紙を書いて
ぼくがいまだに
赤毛の子に夢中だって
言うべきだと思うんだ…

WHAT DO YOU THINK?
SO LONG, PEGGY JEAN! IT'S BEEN NICE KNOWING YOU!
3-8

2 どう思う?

バイバイ、ペギー・ジーン!
楽しかったよ!

FAREWELL! AU REVOIR! CIAO! SAYONARA! ADIOS! AUF WIEDERSEHEN!
SCHULZ

3 アバヨ! じゃあね!
チャーオ! サヨナラ!
アディオス! さらば!

キャンプで出会った女の子、ペギー・ジーンと赤毛の女の子の間で、気持ちが揺れるチャーリー・ブラウン。サリーに意見を求めても、「さようなら、ペギー・ジーン」と言うばかりです。

卒業式、転校や転勤、引っ越し、失恋や離婚、退職、そして肉親や友人との死別など、私たちは人生の中で様々な別れを経験します。別れは生きている限り、避けられない出来事。大切な人と離ればなれになるのは、誰にとっても辛く、寂しいものです。それだけに何とかその事実を認めたくない、なかったことにしたいという気持ちが生まれ、私たちは別れをあいまいにしがちです。

しかし別れを認めることは、悲しみを和らげ、心の空白感を埋め始めるためのファースト・ステップ。気持ちに区切りを付けるための大切なプロセスです。どんなに寂しくとも、「さようなら」と言う。相手にきちんと別れを告げるべきときが、私たちの人生にはあるのです。

「さようなら」は、寂しさの句読点。

FAREWELL
さようなら

1-7-1984

WHAT DO YOU THINK?

1 どうこれ？

THAT'S PRETTY GOOD...
1-7-84
© 1983 United Feature Syndicate, Inc.

2 なかなかいいね…

HE CAN'T DO IT FOR VERY LONG, THOUGH...

3 でもそう長くは
こうしてられないわ…

ALL THE SNOW RUSHES TO HIS HEAD!
SCHULZ

4 雪が全部頭へ
逆流しちゃうもの！

Vol.78

逆さまになった雪ダルマを作ったルーシー。雪ダルマの常識にとらわれないその発想は、なかなかだと思いませんか。

そんなルーシーをはじめ、スポーツが得意で小説も書くビーグル犬のスヌーピー、失敗ばかりしている主人公のチャーリー・ブラウン、飛ぶことが苦手な渡り鳥のウッドストックなど、ピーナッツの仲間たちはみんな身近にいそうでいながら実に個性的。それは彼らを誕生させた作者のチャールズ・M・シュルツ氏の発想が、既成の概念を軽々と超えるほど自由で豊かだったからでしょう。しかしそんなシュルツ氏も「漫画家はそこそこに聡明で、そこそこに絵が上手で、そこそこに文章もうまくなければならない。しかしどれも上手すぎてはダメだという点で、私には素晴らしい仕事だ」と語っています。

たとえ天才的な芸術家ではなくとも、自らの発想を生かせる分野と出会えれば、才能はきっと花開く。シュルツ氏の言葉には、物を作る夢を抱く人たちへの励ましが込められています。

自分の分野で、花開く。

SNOWMAN
雪ダルマ

ピーナッツは、本当に不思議なコミックだと思う。言うまでもなく、ここにはほとんどおとなは姿を現さない。すべて、小さな子供たちの話だ。でもだからと言って、彼らを甘く見たり、下に見たり、反対にただただ可愛いと思ったりすることはまったくない。むしろ読めば読むほど、自分がピーナッツの世界に入って、登場人物のひとりひとりと親しい友達になったような気分になる。そして彼らの行動や語らいに微笑んだり、呆れたりする。

私たちはおとなになったいまでも、ときに自分の将来や人間関係や恋などに悩み、迷う。そしてチャーリー・ブラウンのように眠れなくなったり、ルーシーのように意地悪を言ってみたり、ペパーミント パティのように寂しくなったりする。ピーナッツは子供たちだけを描いたコミックであっても、そこから発せられるものは私たちにも覚えがあることなのである。

さて、本書は、朝日新聞の日曜版『21世紀に伝えたい宝物』の連載を元にまとめた単行本『スヌーピー こんな生き方探してみよう』と、その続編の単行本『スヌーピー　きみと話がしたい』（共に朝日新聞社刊）の2冊をまとめて収録したもの。それぞれのコミックから発想したコラムの内容は、日本においてピーナッツの版権を管理運営しているユナイテッド・メディアの方々や朝日新聞社の方々など多くの人と共に考えた。友情について、幸せについて、家族について、おとなになるとなかなか口に出すことも少なくなった話題を真剣に話したひとときは、いまとなるとどこか懐かしく、温かな思い出となっている。

そのような話し合いから生まれた2冊の本が、今回、文庫本というさらに手に取りやすい形になって再出発した。皆さんの日々の生活のなかで、何度もページを開き、何かを見つけていただける。そんな本になってくれたら幸せだ。

２００５年春

ほしのゆうこ

スヌーピー
こんな生き方探してみよう

2005年4月30日　第1刷発行
2012年11月30日　第9刷発行

コミック　チャールズ・M・シュルツ

訳　者　谷川俊太郎

著　者　ほしの ゆうこ

発行者　市川裕一

発行所　朝日新聞出版
〒104-8011　東京都中央区築地 5-3-2
電話　03(5541)8832(編集)
03(5540)7793(販売)

印刷製本　凸版印刷株式会社

ISBN978-4-02-261471-1
※定価はカバーに表示してあります
落丁・乱丁の場合は弊社業務部(電話03-5540-7800)へご連絡ください。
送料弊社負担にてお取り替えいたします。

アレックス・カー
美しき日本の残像
茅葺き民家を再生し、天満宮に暮らす著者が、思い出や夢と共に、愛情と憂いをもって日本の現実の姿を描き出す。〔解説・司馬遼太郎〕

角田 光代
今、何してる?
同世代女性を中心に、圧倒的な共感と支持を得る直木賞受賞作家による、ちょっぴりせつない恋愛と旅と本をめぐるエッセイ集。〔解説・佐内正史〕

佐野 洋子
あれも嫌い これも好き
猫・病気・老い・大事な人たち。還暦すぎての刺激的な日々を本音で過激に語るエッセイ集。〔解説・青山南〕

佐野 洋子
役にたたない日々
料理、麻雀、韓流ドラマ。老い、病、余命告知——。淡々かつ豪快な日々を綴った超痛快エッセイ。人生を巡る名言づくし!〔解説・酒井順子〕

重松 清
明日があるさ
家族をテーマに作品を書きつづける直木賞作家の初エッセイ集。少年少女と悩める大人たちへの温かいメッセージ。〔解説・久田恵〕

森 光子
吉原花魁《おいらん》日記
光明に芽ぐむ日
親の借金のため吉原に売られた少女が綴った、壮絶な記録。大正一五年に柳原白蓮の序文で刊行され波紋を呼んだ、告発の書。〔解説・斎藤美奈子〕

朝日文庫

疋田 智

自転車生活の愉しみ

風をきってこげば気分も爽快！ 自転車の楽しさ、効用からメンテナンス法まで、その魅力を伝える快適自転車生活のススメ。〔巻末対談・パックン〕

久田 恵

シクスティーズの日々

それぞれの定年後

六〇代を迎え、「人生の転換の時」に直面する男女の本音に迫るルポ。あなた自身の「これまで」と「これから」を見つめ直す道標に。〔解説・足立倫行〕

藤野 武彦

BOOCSダイエット

医師である著者が提言する全く新しいダイエット方法。食べたいものを好きなだけ食べ、ストレスをためずにやせられる。

細川 貂々《てんてん》

大丈夫、みんな悩んでうまくいく。

てんてんの「十牛図」入門

マイナス思考で迷っていた著者が、禅の教えである十牛図を基に自信をつけ迷わなくなるまでの道筋を描く。笑って学べるコミックエッセイ。

節子・クロソフスカ・ド・ローラ

見る美 聞く美 思う美

画家バルテュスと結婚しヨーロッパで暮らす著者がつづる日本の美と心。「本物の世界的セレブ」の美学が感じられる一冊。

中村 祥二

調香師の手帖《ノオト》

香りの世界をさぐる

資生堂の調香師が、香水、スパイス、アロマテラピーなどの、香りが体と心に与える不思議な働きを語る。香りのことはこれですべてわかる一冊。